赢在团队，胜在管理

程学友◎编著

中华工商联合出版社

图书在版编目(CIP)数据

赢在团队，胜在管理 / 程学友编著. -- 北京 : 中华工商联合出版社，2020.11

ISBN 978-7-5158-2956-2

Ⅰ.①赢… Ⅱ.①程… Ⅲ.①企业管理—团队管理 Ⅳ.①F272.9

中国版本图书馆CIP数据核字(2020)第226882号

赢在团队，胜在管理

编　　著：程学友
出 品 人：李　梁
责任编辑：李　瑛　孟　丹
责任审读：李红霞
责任印制：迈致红
出版发行：中华工商联合出版社有限责任公司
印　　刷：北京毅峰迅捷印刷有限公司
版　　次：2022年1月第1版
印　　次：2022年1月第1次印刷
开　　本：710mm×1020mm　1/16
字　　数：220千字
印　　张：15.75
书　　号：ISBN 978－7－5158－2956－2
定　　价：58.00元

服务热线：010－58301130－0（前台）
销售热线：010－58302977（网店部）
010－58302166（门店部）
010－58302837（馆配部、新媒体部）
010－58302813（团购部）
地址邮编：北京市西城区西环广场A座19－20层，100044
http://www. chgslcbs.cn
投稿热线：010－58302907（总编室）
投稿邮箱：1621239583@qq.com

前 言
PREFACE

我手下的兵个个拈轻怕重，挑肥拣瘦。

一开始训一次好三天，现在他们好像麻木了。

哪怕有一个能够独当一面的，我也不至于这么累。

现在的员工真是让人无语，不明白他们究竟想要什么。

……

作为一个企业或团队的管理者，或多或少都有过类似的抱怨。在这个管理艰难的年代，界限消失了，标准不见了；科技在变，信息在变，观念在变，商业竞争也在变。我们可以用各种词汇去描述：跨界、颠覆、悖论、不确定、乱流……但都不准确，唯有“前所未有”最为恰当。

当人口红利、政策红利、资源红利，被我们消耗殆尽。没有任何一个时代具有如此激烈的商业竞争，却又获得如此微薄的利润。管理，已经成为当今企业最后的红利。在企业面临产业升级的华山一条道时，管理者也亟待升级自己的管理方法。

会不会带团队，始终是体现管理者工作能力的关键，关系着个人事业及团队的成长。在传统的“官本位”观念中，企业管理者的管理主要依靠权力来达成；而在现代以人为本的“人本位”社会，管理者更多依靠其内在的影响力——即非权力性影响力。一个成功的管理者不再看身居何等高位，而是指拥有一大批追随者和拥护者，并且使组织取得了良好绩效。

在竞争日益激烈的今天，中国的企业面临着来自世界各地的压力。在不断变幻的外界环境中，只有优秀的管理者才能影响和带领团体和他人实现组织的目标，在竞争中得以立足和前进。学会管人与做人，有助于管理者在工作中充分发挥其影响力，团结和影响下属，共同实现组织的目标。

目　录
CONTENTS

第三章
决策是管理的心脏

第四章
把好团队成员的遴选关

第五章
让每个员工都人尽其才

第六章
因事用人，因事设职

第七章
用人所长，容人所短

第八章
管理好团队的每一个兵

第九章
搭建双向沟通之桥

第十章
激励团队，奋发向上

第十一章
把团队拧成一股绳

第十二章
带领员工一起攀登

第十三章
巧用批评，增强执行力

第十四章
掌握和同级交往的艺术

第十五章
懂得授权，下属更优秀

CHAPTER 01

第一章

打造管理者的人格魅力

身为管理者，要让员工心服口服，心甘情愿做你的追随者，需要你具备一定的人格魅力。

人格魅力是一个人对其他人的影响力、吸引力和号召力。这是自身的性格、气质、修养等各方面的综合表现。

让人格魅力熠熠发光

人格魅力指一个人在性格、气质、能力、道德品质等方面具有的能吸引人的力量。在今天的社会里如果一个人能受到别人的欢迎、接纳，实际上就具备了一定的人格魅力。

那些优秀管理者都懂得，他们之所以被上司看重，被员工拥护，就是因为他们自身有独特的人格魅力。

比如，联想的董事长柳传志，在联想初创时期，他的人格魅力表现在胸有大志，有极强的进取心，谦和，从不树敌。在联想创业的时候，有一次，柳传志被一名客户给轰了出来，但是回到家，柳传志就安慰自己说："我不跟你一般见识。"柳传志不和客户计较的原因就是胸有大志，要为联想的发展考虑，因此才能忍受这些，从另外的角度来看待这一切。

柳传志的人格魅力还表现在恪守诚信、说到做到、办事公正。正是因为他自身具备这些人格魅力，因此员工才心甘情愿地追随他，和他一起打拼，把一个小小的公司发展成今天的"巨人"。柳传志也从当初的管理者做到了联想"金字塔"的顶端。

在联想做大后，柳传志也能以"自我管理"的方式"感召他人"。他的这种人格魅力不仅吸引了内部的员工，就连很多局外人也被他的个人魅力吸引。柳传志有一个习惯，每个月总会用那么两三天强迫自己安静下来，读一读史书，闭门静思，既想当下，更想未来。这是一种内心的修炼，也是柳传志宽广胸怀和从容心态的根源所在。他明白，人格魅力是获得人心的法宝。正是因为他了解这一点，因此他在从管理层中选自己的接班人时十分注重他们是否有人格魅力。

柳传志坦诚，自己喜欢有能力的年轻人。但是，除了这一条以外，还希望在感情上要配合好，和前任搞好关系。他心目中的年轻领导一要有德，要实心实意地对待前任开拓者们，让创业者们交班后能得到一份从物质到精神的回报。另外，年轻的管理者还要有一颗公心，和对伙伴的大度、宽容心，能虚心地看到别人的长处，反省自己的不足。因此，柳传志希望从这个方向去培养杨元庆。不难看出，柳传志对接班人考核的不仅是其自身能力，更多的是他们的一些素质、品德、处世艺术等，即是否具备人格魅力。

而杨元庆之所以能被柳传志看中，就是因为他自身的性格、气质、能力等基本上符合柳传志所要求的标准。而在员工看来，杨元庆最重要的特质是很有志向，眼高手不低，认真负责，说到做到，一丝不苟。任何事情，只要杨元庆关注并动手去做，几乎就没有做不成的。另外，他务实低调，做了也不说，这就是杨元庆的人格魅力。这一点，不仅上司看好，同事看好，员工也看好。因此，杨元庆才从众多的管理者中脱颖而出。

其实，不仅是柳传志、杨元庆这些大名鼎鼎的成功人物，很多企业中那些优秀管理者，那些起着栋梁作用的支撑者也都具备独特的人格魅力，或者是热情无比，或者是处事公正，或者是气质、形象、风度受到员工喜爱等。

一般来说，在企业发展的不同阶段，需要任用有不同人格魅力的管理者。比如，在企业开拓阶段，管理者大刀阔斧，敢闯敢干，身先士卒，就能赢得员工的爱戴；在企业发展阶段，管理者有创新意识，能带领员工实现一个个新的跨越，就容易得到老板和员工的喜爱；在企业稳定阶段，管理者办事稳健，处事公平，就能凝聚人心；当企业达到一定规模以后，管理者关心员工的成长，自己能看淡荣辱，并且能大度地把舞台、荣誉和权利让给年轻人，这也是他们人格魅力的体现。正因为他们具有这些独特的人格魅力，因此才吸引着追随者和他们一道去披荆斩棘。

可见，要想成为优秀的管理者，就要在自身人格魅力方面修炼自己，打造出自己独特的职场魅力品牌，就可以熠熠闪光。

管理者要有高情商

长久以来，有一种传统的观念一直在束缚着我们的思想：那就是智商高的人一定会成功。但众多的实验和实例打破了高智商者必定成功的神话。其实，智商的高低与一个人的成就没有什么必然的联系。当管理者也是一样，智商高而情商低同样也是不能胜任的。做好管理者也需要高情商。情商（EQ），包括人们对自身情绪的知觉力、评估力、表达力、分析力、转换力、调节力等诸多方面，也就是能够对自身内在力量有较好的把握能力和描述。

这是为什么呢？因为身为管理者，既是管理者，又是被管理者，需要不断变换角色和位置。如果是初次做管理者的人，一定会对这个全新的角色感到压力很大。此时，如果无法把控自己的情绪，任其随意发泄，怎能有好人缘？怎能完善自己的人格魅力，从而起到凝聚人心的作用呢？

作为管理者，管理者的情绪会直接对团队产生影响。他们作为员工的激励者，使命之一便是鼓舞团队士气，增强下属工作的积极性。如果管理者自身已经失去了信心，又如何使下属为了公司而战？因此，管理者应谨记自己所处的位置和肩负的使命，要加强控制自我情绪的责任感。

无疑，情商高的人就有较好的自控能力，不会使下属因为自己莫名的情绪感到无所适从。

总结起来，高情商主要表现在以下几方面：

1. 充满自信

作为管理者，不可避免地都要碰到一些棘手问题。有些管理者由于畏惧这些困难，不但自己背负了巨大的心理压力，而且在下属面前也会说一些丧气话。这样就会让员工感到很沮丧。可是，那些自控能力很强的管理者，他们总是充满自信，绝不轻易言败，即便是面对不可预测的未来，即便是失败的概率大于成功，也绝不会在下属面前流露出悲观的情绪，相反，却会乐观地安慰下属充满信心地去做最后的尝试。

2. 具有坚强的意志

在战场上，决定双方胜负的是什么？是武器吗？不全是，而是人们心中必胜的信念和彻底摧毁敌方的意志。在战争中最后获胜的总是那些意志坚强的部队。因为胜利就是通过击碎敌方想胜利的意念而获得的。

实际上，公司就像一个战场，而管理者就是指挥作战的元帅，所以必须有坚强的意志力。因为管理者的意志力就是团队意志力的体现。只有管理者有坚强的意志力，团队成员才会充满必胜的信心，鼓舞斗志。

3. 头脑冷静

情商高的管理者们面临大事时头脑会很冷静，即便是走在钢丝上也能从容不迫、冷静地作出决定。

4. 富有亲和力

我们经常看到，在有些管理者身边围绕着一群爱戴他们的员工，尽管他们的能力并不十分出众，可是他们善于团结人，对人对事热情、热心。他们不但和员工们一起工作，甚至一起生活打闹，相处得十分随意和亲密。员工们也感到他们可亲可爱。这是为什么？就是因为他们富有亲和力。这也是高情商的表现。情商高才能凝聚人心，才能吸引大批的追随者，因为人们和他们在一起会感到快乐无比。

这些富有亲和力的管理者都特别细心体贴，他们时刻把员工的安危冷暖挂在心头。特别是在员工情绪变化、吵闹打架、批评处分、出差前后、工作变动、发生责任事故、发生不团结等情况，必与当事人谈话，了解他们的实际情况。当员工遭遇天灾人祸、生病住院、精神不振、家庭纠纷、婚恋矛盾时，他们更会及时拜访，安抚他们的心理，不至于造成大的波动。正是由于他们的这种主动关心让员工感受到了温暖，为团队营造了和谐的氛围。

由此看来，情商能更好地反映个体的社会适应性，也是用来预测一个人能否取得职业成功的更有效的指标。

当然，重视高情商并非忽视智商的作用，智商和情商并不是相互矛盾的。高情商者也可能具有高智商，低智商者也可能具有高情商，如能把两者很好地结合起来，必能获得成功。

拥有健全的人格才能被喜欢

人格魅力离不开健全的人格。健全的人格是一个人在其自然基础上和社会化过程中形成的独特、稳定的行为模式和心理特征的总和，主要包括：健康的心理素质、良好的精神状态、健康的体魄等。这些也是影响人格魅力的重要方面，对个体的成功有着不可替代的作用。

健全的人格有利于成功，有缺陷的人格会阻碍发展。比如，有些管理者一旦遇到比自己能力强的下属时，通常都会感到一种无形的压力，如果发现下属中有人太逞能，他们就会提拔能力比自己低的人，而对比自己更有才华的人置之不理。这就是嫉妒心强，没有良好心理素质的表现。还有些管理者没有耐心，暴躁易怒。在这种情绪支配下对自己定位不明确，好高骛远，因此员工也始终有一种紧张的压抑感，这些也是缺乏良好心理素质的表现。

在精神状态方面，有些管理者不注意自己的形象，也会影响自己的人格魅力。比如，我们有时会听到员工议论，“我们的头儿，一点不成熟”或者

“整天一副睡不醒的样子，看起来像个病秧子一样，没有一点精神”。如果管理者给员工留下这样的印象，就是没有良好精神状态的表现。这样的人当然谈不上人格魅力。

管理者是员工的榜样和表率，在一定程度上也是企业形象的代表，因此，员工和老板们都希望他们充满阳光，充满热情，充满干劲和生机活力。因此，要塑造自己的人格魅力不能忽视心理素质、精神状态和健康的体魄这三方面。如果有些管理者在心理健康方面存在问题，就需要加以调整和改进。

虽然一个人的核心人格很难改变，但性格形成又具有“自动性”和“恒定性”，在一定范围内是可以调整的。因此，管理者要注意从以下三方面完善自我，塑造自己的健全人格。

1. 打造自己健康的心理素质

打造自己健康的心理素质需要做到：

（1）能保持个性的完整和谐。

（2）充分了解自己，并能对自己的能力做恰当的估计。

（3）生活目标、理想，切合实际，不好高骛远。

（4）能保持良好的人际关系，合群。

（5）具有从经验中学习的能力，有创新的能力。

（6）适度的情绪发泄与控制等。

通过以上这些方面的锻炼，有助于形成健康的心理素质。只有具有健康的心理素质，员工与其相处才不会感到无所适从，才会感到轻松自然，才能为员工打造比较合理的工作环境和空间。

2. 培养良好的精神状态

不同的精神面貌对人格魅力也可以起到不同的作用。

积极进取的精神状态可以激励员工；消极颓废的精神状态则会误导员工。如果管理者自己工作不积极，拖拖拉拉，团队的工作绩效就会变得很低。因此，管理者要时时刻刻注意自己的精神风貌，从外表形象到言行举止都要树立起精神饱满、积极进取的形象。

（1）充满热情。热情是指热烈、积极、主动、友好的情感或态度。有满腔热情才会有高度的事业心和责任感，才会奋发有为，敢于担当。作为管理者，不仅要做好自己的工作，还要用热情去感染、鼓舞和激励基层员工，带动整个团队一起努力。管理者有热情才会感染员工，员工才会有热爱工作的动力，才会树立更远大的发展目标，并不懈努力，孜孜以求。

（2）富有激情。激情是一种强烈的情感表现形式，具有迅猛、激烈、难以抑制等特点，常能发挥身心的巨大潜力。管理者有激情，员工才有活力，才能充满创造力，才有超越，才有奇迹。

（3）带上你的微笑。微笑也是充满热情的表现。生活中，人们都有这样的体会，喜欢笑口常开的人而不喜欢板着面孔、面无表情的人。微笑能让人产生宽厚、谦和、平易近人的良好印象，产生心理上的相容性，缩短彼此的距离。既然如此，身为管理者就要懂得充分利用微笑这一武器传达热爱工作、热爱员工的热情。

如果在开始一天工作的早晨，你微笑着向下属道一声：早上好！你真挚的笑脸必将使他们感到温暖。当紧张地忙碌了一天下班时，你微笑着说一声：“辛苦了。”下属也会觉得你是个体贴的人，对你的好印象就在微笑中形成了。

（4）恰到好处的着装打扮。恰到好处的着装打扮也可以表现自己朝气蓬勃的精神状态，展示管理者的力量，给人一种明朗的感觉，使人产生一种愉悦的心境。因此，管理者们也要注意从这些方面表现自己的人格魅力。

比如，蒙哥马利元帅以他的“贝雷帽”著称，哪怕是在战斗最激烈之际，他仍然戴着这种软羊毛质料的小帽，穿着一件套头衫，塑造着随意、舒适的形象。在激烈的战斗中只要见到他，官兵们紧张的心情就会轻松平静下来。艺术地着装不仅能给人以好感，同时还能反映一个人的修养、气质与情操。

因此，身为管理者，必须注意在不同的工作环境和工作场合中，根据自己的特定身份挑选几套合身的衣服。如果天天穿西装打领带，会让员工产生距离感；天天穿牛仔裤和球鞋，又会让员工认为你太随意。而偶尔穿几次休闲服也可以增加亲切感。

3. 通过锻炼获得健康的体魄

健康的体魄也是良好精神面貌的表现。虽然有些人的健康的体魄是先天遗传的，但是更多的人可以通过后天的锻炼来获得健康的体魄。

真诚可以赢得信任

真诚也是人性的一大优点。提到真诚，人们就会联想到真心实意、诚实、诚恳等。真心实意自然值得信赖。人们认为一个人可信，通常是因为这个人本身是一个真诚的人。

的确，作为一个管理者如果表里不一、言行不一，就无法赢得跟随者的尊重。企业中有些管理者常常言行不一，对上一套、对下一套；明里一套、暗里一套。他们整天想的是怎样弄一些虚假的数据来提高自己的业绩，怎样通过欺骗和要花招来取悦自己的上级领导。甚至为了实现这一目标而不择手段。尽管他们也知道自己的所作所为是不正当的，但是他们认为这些行为员工不知道，上司不知道。他们自以为很聪明，可是上司和员工都会提防他们。俗话说：“路遥知马力，日久见人心。”管理者在企业中需要与上司和下属长期共事，他们最终总会知道他是否真诚和诚实。如果管理者不忠诚，老板怎敢重用？这样的管理者能带出一支怎样的队伍？在下属看来，跟着一个不诚实的管理者，总会担心有一天被他“卖”了。

一个企业不是靠一个人打拼，而是靠众人拾柴。只有言行一致人们才能相信这个人是可靠的，值得追随，值得信赖。这样的管理者，上司才会相信，下属才会交心，企业才会具有凝聚力。为此，美国著名管理专家史蒂芬·柯维告诫管理者：“诚恳正直可赢得信任，是一笔重要存款。反之，已有的建树也会因行为不检点而被抹杀……行为不诚恳，就足以使感情账户出现赤字。”

在企业中，员工们可以原谅管理者的疏忽甚至粗鲁无礼，但是他们却无法宽恕管理者的不诚实、不真诚。因为在他们看来，管理者是自己学习的榜样，如果管理者不真诚、不诚实，他们就会有一种被欺骗的感觉。相反，如果管理者能及时表现自己的真诚，即便他们行为不慎，也能赢得员工的谅解。

马克曾在油井工地上担任指挥。一天，他注意到一个搬运工工作磨磨蹭蹭，就很生气地骂道：“你在干什么？振作起来，笨蛋！”可是，这名搬运工并没有什么改变，只是平静地回答：“好的，管理者。”

这让马克莫名其妙。他忍不住想冲上去教训这个员工一顿。可是当他走近这个员工时才发现原来他手上有伤。为了不耽误工作，他在坚持着。得知这种情况，马克走到员工身旁，真诚地说：“抱歉！我刚才不应该发火。我不知道你的手……我马上送你进城找医生看看。”听到管理者这句话，员工惊讶地看着他。在他眼中，这位不可一世的粗鲁的管理者居然会向员工真诚地道歉。他笑了一下说：“没什么大不了的，干完活我自己清理一下就可以了。”就是这件不起眼的小事，改变了马克在员工心目中的印象。之后，这位员工和马克也建立了融洽的关系。

马克自己更没有想到，一句坦诚的话语就赢得了员工对自己的信任，改变了自己在员工心目中的形象。

这就是真诚待人的效应。虽然并非高深的管理秘诀，却是能够赢得员工信任的行之有效的管理方法。因此，在管理者与下属的沟通中，特别是当管理者不明真相错怪员工时，要及时反省自己，坦承自己的不足，这样才可以赢得员工的谅解和信任。

真诚不仅要通过语言展现出来，而且要通过行动体现出来。在这方面，一些成功的企业家和管理者都已经做出了表率。台塑集团董事长王永庆，当被问及他创造亿万财富的秘诀时，王永庆答道："其实我长得也不英俊，并没有什么形象上的魅力，我认为最要紧的是以诚待人。"他是这样说的，也是这样做的。当别人卖米都是把陈米放在下面，新米放在上面来蒙骗顾客时，王永庆却不这样。他送米时总是把顾客的缸底打扫干净，当着顾客的面把麻袋中的米倒入缸中。当顾客看到麻袋中的米确实都是新米时，他们就被王永庆诚实待人的行为所感动，而纷纷买他的米。

王永庆不但对待顾客诚实守信，对待员工和合作伙伴也是如此。正是在这种经营理念的引导下，王永庆逐渐树立了自己的形象和威信，他也从一个小小的零售个体摊贩做大做强，打败了其他竞争对手，使他的事业得到了更加广阔的拓展。

泰国曼谷东方饭店曾先后四次被美国《国际投资者》杂志评为"世界最佳饭店"。饭店管理的巨大成功与总经理的真诚密不可分。总经理说："你要往下属的感情账户里投资诚恳和正直，你只要感动了下属，他们一定会给你最好的回报。"正因为总经理对待员工真诚、诚恳，因此员工也以自己的诚实和诚恳来回报他，上下齐心协力拧成一股绳，企业发展才取得了可喜的业绩。

由此可见，以诚待人才能赢得人们的支持和帮助，那样，领导才能成功。因此，在与员工的相处中，管理者要发自内心地时时表现自己的真诚。即便在平时与员工的相处中，如果你能用一双充满善意的目光和员工交流，也很容易拉近彼此的距离，让对方觉得你的关心和注视是真诚的。

真诚能赢得信任，真诚能换来以心交心，这样管理者就形成了自己的影响力，员工和这样的管理者相处也会感到轻松无比。在相互坦诚的氛围中也会形成一支如大家庭一般温暖的、和谐的团队。

仁爱能够赢得爱戴

在企业管理中，有些管理者认为自己大小也是个“官”，既然是官，就是管员工的，因此总习惯于通过直接下命令的方式来表现其领导权威，或者以势压人，或者高高在上、颐指气使。

管理者虽然是行使领导职能的，但同时也是为员工服务的。员工也是内部客户，因此应该多花一些精力去关心下属的感情和生活，让他们感受到管理者的关怀。这样做并不会降低管理者在员工心目中的位置，反而可以赢得他们的爱戴。相反，不关心下属，下属就会不满，产生了不满后团队就缺少了凝聚力。因此，成功的管理者都懂得运用关爱彰显自己的人格魅力，打造自己的影响力。

泰国曼谷东方饭店的总经理库特先生管理饭店除了有一套行之有效的管理措施之外，他的秘诀之一就是关爱员工。他倡导“大家办饭店”，把每一位员工都当成大家庭的一员来看待，给予无比的关爱。不论是当管理者，还是当总经理，他从不摆架子，对员工总是和蔼可亲。无论哪个员工有了困难或疑问，都可以直接找他面谈。另外，他还很注意一些小事，使下属在不经意间感受到他的温暖。比如，为了联络员工的感情，库特先生经常为员工及其家属举办各种活动，如生日舞会、运动会等。这些活动无形中缩小了部门之间、上下级之间的距离，对于提高员工的积极性，建立相互之间的融洽关系，改进饭店的工作起到了推动作用。

正是由于员工感受到了来自总经理的关爱，因此在东方饭店，从看门人到出纳员，全体员工都心情舒畅，对办好饭店，他们都有发自内心的荣誉感。因为总经理的关爱让他们感到温暖，打动了他们，所以他们才心甘情愿地追随他。

由此可见，作为一位管理者，学会爱比什么都重要。懂得爱人才能更好地从事管理工作，才可能成为优秀的管理者。对此，美国的管理课程甚至会花费一半的时间来教会管理者如何爱员工。在他们看来，连爱员工都做不到的人不可能成为优秀的管理者。

事实也的确是这样，不论在历史上还是在现实中，那些优秀人物被人们交口称赞就是因为他们有一颗爱心。拥有爱心才是最令人感动的，也是人们心甘情愿追随他们的原因。

在美国南北战争中的名将李将军，就是这样一位富有爱心的领导人物。在内战期间，有一场战役极为惨烈，一些勇猛的将士都在战场上失去了宝贵的生命。李将军看到这一切，一言不发地巡视着队伍，眼里含着泪水，然后慢慢脱下帽子默默走过士兵身边。

一位幸存的士兵回想起当时李将军的表情时说："那是最令人动容和感动的一刻。"通过这一举动，士兵们看到了将军对他们的关爱之情。士兵们被他的这种情感所打动了。他们认为有这样一位关爱自己的领导，牺牲生命也在所不惜。于是在战役打响之后，大家奋不顾身地冲锋陷阵，最终取得了胜利。

由此可见，关心才能赢得爱戴。正是李将军表现出来的这种充满爱心的人格魅力，让下属从内心深处产生了听从于他、追随于他的想法。

企业管理中，管理者就是率领团队来完成工作的。"带人如带兵，带兵要带心"。只有真正关心下属，才能赢得下属对自己的充分信任和忠诚，才能高率、高质量地完成工作。

需要注意的是，对员工的关心应是发自内心的，不是玩弄权术的关怀。有些管理者认为自己对下属有加薪、晋升等"生杀大权"，因此当下属有求于自己或者自己想达到什么目的时，就施以一些小恩小惠来表明自己在关心下属。这样做并不能赢得他们长久的信任和追随。这样的管理者就是走入了关爱的误区。

关心下属也不是对下属有求必应。下属的需求是多种多样的，有的和企业的目标一致，有的却与企业的目标背道而驰。作为管理者，你只能尽量满足下属那些与企业目标一致的需求，对不合理的需求要敢于拒绝。否则到头来既害了下属，也会害了自己。

另外，关爱下属不仅要关心他们的生活感情、情绪变化，也需要关注他们自身的职业发展和综合能力的提高。这些才是员工最关心的。

在实际工作中，领导的最高境界就是靠人格魅力呈现的影响力去引导下属，而不是靠权力来“压”下属。而充满爱心就可以彰显自己的人格魅力。因此，要达到这样的目的，首先要学会爱，会爱人才能赢得人心，才有资格管理，才能使下属自觉自愿地追随自己，才可能成为优秀的管理者。

气量大、胸怀大

要做一名合格的管理者，必须做到气量大、胸怀大，能爱人、容人、助人。这样才能顾全大局，才能处理好各方面的人际关系，赢得人们的信赖和拥戴。

拥有大气度，在于戒除妒忌、怨恨之心，对人能容忍、宽恕，不计得失。

王永庆在创业早期，曾经有一次一位合作伙伴向他借了几根金条，但是归还时却少还了一根。家人极力劝王永庆要回这根金条，可是他没有这样做，他说也许是人家生意忙疏忽了，不用担心，即便不归还也没什么。很长一段时间后，这个借钱的人想起来了，拿着一根金条来还，王永庆说：“如果你急用可以先不还。”来人对王永庆的大度十分感动。就这样，王永庆大度的口碑传出去了，他的人格魅力也通过这件小事广为传播。很多人愿意和他成为合作伙伴。

大度的另一个表现就是宽容。当同事和下属犯了一些非原则性的错误时能够原谅他们。这样也容易为自己赢得好的口碑。

小尚是财务科长，一次和老员工一起出差时，回来的路上老员工不慎把手提包丢失了，里面还有其他客户的一些催款收据。回到公司后，老员工向经理汇报完工作后很“明智”地先走了。可是小尚没有埋怨这位老员工，他将丢失收据的责任承担了下来。

经理听了小尚的汇报，得知细心的小尚保留了一份复印件后，顺手将身边客户送他的一只手提包给了小尚。小尚没有独享，转而送给了那位老员工。他深知，在这次工作中，如果没有老员工的帮助，肯定不能进展得这么顺利。而对于收据丢失的事情，小尚也没有再提。后来，老员工知道这一切后，对小尚的宽容，他感到万分惭愧。

在后来的工作中，老员工对小尚不再横竖看不惯，而是开始主动协助小尚。其他同事也被小尚的人格魅力所折服。在大家的帮助下，小尚的业绩迅速提高，五年后，顺利地升为财务总监。就这样，小尚在宽容别人的同时，也为自己的发展铺平了道路。

作为管理者，对待同事，要表现得大度一些。如果自己大度一些，和同事关系就会更加融洽，就会在同事和领导的心目中留下好印象。

至于对下属，特别是对待犯错误的下属，更要用一颗宽容的心来包容他们。因为人都有犯错误的时候，有些人的错误甚至只因“一念之差”而无法抵御外在环境的引诱。在这种情况下，如果管理者没有容人之量，很难形成一个能团结战斗的集体，也很难调动一切可以调动的积极因素。

因此，不论是对于那些不公正的伤害，还是对于同事和下属的不违反大原则的错误，都可以更宽容地对待。不仅能包容人，还能感化人；不仅能引导人，还能成就人。那么，在宽容别人的时候，也使自己获得更多。

出色的领袖气质

凡是成功担任领导角色的人，他们都有一种领袖气质，而另一些管理者并没有意识到。在他们看来，领导和管理都是一样的。其实，“领导”与“管理”是有根本区别的。管理以事为导向，管理者就是负责某项工作使它顺利进行；而领导以人为导向，管理者率领并引导大家朝着一定方向前进，是对人的行为施加影响。

对此，李嘉诚说过：当团队的老板还是当团队的领袖，这是不一样的。做老板简单得多，你的权力主要来自你的地位，而地位可来自上天的眷顾，也可凭借后天的努力和专业的知识。而且，做老板也许只懂支配众人，可是做领袖要领导众人，促使别人自觉、甘心、快乐地工作。

管理者虽然不是高层管理者，可是也需要管理自己的团队，因此也需要打造这种领袖气质。在这方面，可以向那些具备领袖气质的人学习。凡是具备领袖气质的人他们都有以下这些较为明显的人格魅力：

1. 志向远大

中外历史上那些伟大的领袖都是志向远大的人。他们的目标是为人类文明、商业进步、社会和谐发展承担责任和奉献价值，并且发挥影响力。正是因为他们志向远大，超越了平庸之辈，表现出自己远大的目光，同时也为那些跟随他们的人指明了奋斗的方向，因此为自己赢得了更多的追随者。

管理者虽然只负责一个部门，但是也需要目光远大，要从企业发展的角度长远考虑，不能一叶障目，只见树木，不见森林。

2. 自信力

凡是领袖人物都是高度自信的人。即便在遇到困难时也会给予人们成功的力量，鼓舞周围的人协助他朝着理想、目标和成就迈进。

企业管理也是这样，管理者有自信力，员工才能有工作动力，才能激发热情促进企业发展。因此管理者要让自己保持积极的心态，对生活充满热忱，充满自信。如果能够鼓励下属谈谈他的个人奋斗史或成功的故事，也会鼓舞起大家的斗志。

3. 亲和力

下属都希望自己的领导是一个宽厚者，而不希望领导每天铁青着脸，动不动就对自己吆五喝六，批评责骂。多数领导都懂得在下属面前树立一个仁义宽厚的形象，这也是厚德得人心的真谛所在。

管理者有亲和力，员工不仅会感到温暖，而且还会视他为朋友，并因此感到心情愉快。工作效率自然会提升。

4. 影响力

优秀的领导都是能影响别人，使别人追随自己的人。他们善于发挥自身的影响力，使别人参加进来，跟他一起努力。

要形成自己的影响力可以多参加社会交往，多接触形形色色的人。

5. 奉献精神

如果一个组织富有奉献精神，那是因为它的管理者精神崇高。因此要打造一支具有崇高精神的团队，管理者也需要一种奉献精神。为了企业的利益，必要时牺牲自己或本部门的利益。在工作紧张和企业遇到危机的关键时刻，也需要发挥无私奉献的精神，和企业共渡难关。

6. 洞察力

领导要拥有一双预见未来的眼睛，一双提供变化并能控制变化的手，一对能听到不同声音的耳朵，这样才能保证团队向正确的方向前进。

要具备以上这些人格魅力，需要在平时有意识地培养和锻炼自己。可以通过博览群书，借鉴他人的经验；也可以在工作中锻炼自己的综合分析判断能力和预测能力。

总之，只有经过平凡积累起来的伟大，才能使领袖具有真正的领袖精神和品格，由此迸发出的气质才能真正彰显别样的领袖风采，并快速实现从管理者到领导者的角色转换，早日成为一个称职的领导。

CHAPTER 02

第二章

树立不可动摇的威信

管理者应该放弃权力的过分使用，把精力转移到树立威信上。现在的管理者不应该像过去一样发号施令，现在的“90后”“95后”乃至“00”后们，根本就不吃发号施令这一套。

优秀的管理者能够在实际工作中，通过一点一滴的工作经验积累，通过自己能力的施展，通过自己良好的品德风范的展示，逐步树立自己的威信。有了威信，员工才能信服，企业的计划才能得到迅速实施。而企业计划的有效实施，会得到大家一致称赞，让领导的威信得到了进一步增强。

怎样树立威信

怎样才能树立自己的威信呢?

很多管理者对此感到困惑。因此，他们对那些很有威信的管理者佩服得五体投地。看他们管理员工那么轻松，只要一开口，员工便立即噤声，认真聆听，不必过多重复，也无须多言，更用不着动怒。这些人不怒自威的管理艺术是怎样练就的?

其实，要树立自己的威信需要用权力和非权力的因素。

1. 权力因素

立威最直接而有效的方法就是借助权力的作用。俗话说："有权不用，过期作废。"领导既然赋予你管理者的权力，就是要你运用的。如果不懂得运用手中的权力来管理员工，就是失职。如果不懂得运用手中的权力，命令就不会有人服从。

管理者要树立自己的威信千万不要忘记借用上司赋予自己的权力——这把重要的"尚方宝剑"。

运用权力因素要防止的一个误区就是滥用权力，不可动辄训斥、批评、呵责员工，以显示自己的领导身份。

2. 非权力的因素

管理者要树立自己的威信除了运用权力的因素外，还可以运用非权力的因素。因为管理者虽然掌握着一定的权力，但权力并不是利剑。凡是把权力当成利剑，动不动就想显示一下这把剑的威力的人，其结果只能是吓住一两个人，却镇不住一大片人。而且依靠手中的权力所形成的威信对员工的心理及行为的影响毕竟是短暂的。如果管理者本身没有令人信服的能力和品德，是无法从根本上树立自身威信的。

管理者的威信是部门员工对其品德、知识、才能和工作的客观评价，尽管表面上这些非权力因素没有合法权利所赋予的那种正式的、明显的约束力，但在实际工作中，它们不仅具有权力的性质，而且往往能起到合法权利所不能起到的感化作用。因此，聪明的管理者在意自己的权力，但他们懂得权力有时候只是摆设，一般是很少使用的，他们懂得运用非权力的因素来赢得名声。他们知道，有好名声才有好威信，才能做到有效控权。

非权力的因素主要包括以下几种：

（1）品德。品德是决定管理者威信高低的根本因素。如果管理者品德高尚、正直公道、言行一致、以身作则、平易近人，就能形成一种无形的、巨大的道德力量。员工就会产生敬佩之情，进而去模仿。

（2）才能。才能是决定其威信高低的重要因素，才能不仅仅反映在管理者能否胜任自己的工作上，更重要的是反映在带领员工工作的过程中能否卓有成效。如果管理者有德无才或德高才低，缺乏魄力，工作平庸，也无法得到员工的认可。

（3）感情。感情是人对客观事物和人好恶倾向的内在心理反应。如果员工从感情上认可管理者，对他就会服从；如果员工从内心深处就不认可，即便管理者再有才能也无法服众。因此，感情也是影响威信的一方面。

当然，以上这些非权力因素的形成不仅与管理者先天的性格有关系，更为重要的是与日常管理工作实践有关。比如，知识和才能就需要在日常管理工作实践中逐渐获得。毕竟没有人天生适合当领导。因此，要利用自己的非权力因素树立威信，管理者就要提升自己的综合素质和综合能力，注意学习他人的经验和知识。知识是才能的基础和前提，只有具备一定的素质和知识才能开拓工作新局面。因此，管理者不仅需要专业知识和专业能力，还需要知识面广、博学多才，与不同层次和水平的员工都能沟通无碍，及时解决他们中出现的问题。

另外，在工作中管理者要注意和员工建立一定的感情，尊重他们、理解他们、关心他们，缩短彼此的心理距离；解决好他们思想、心理、成才诸方面出现的新情况、新问题。与员工关系融洽，影响力往往就比较大，威信就比较高，这样员工的行为才会朝着管理者期望的方向积极健康地发展。

总之，树立自己的威信需要运用权力和非权力的因素，两者缺一不可。如果管理者能够表现这两方面的优点，就可以赢得员工的信赖和敬佩。

身先士卒，员工佩服

对于一个管理者而言，带好团队的第一个要素就是让团队成员服你。而要做到这一点，没有捷径可走，只有靠自己在工作中做出的成绩，以及个人的品德修养、能力水平和人格等。其中以身作则、身先士卒是最有说服力的。

彼得·德鲁克在《管理圣经》中提到，领导力就是“以身作则，让别人愿意为大家共同的愿景，努力奋斗的艺术”。在战场上指挥官们都会高举手枪或者大刀高喊“跟我来”，这就是以身作则的示范作用。

不仅在战场上，在职场上也同样需要这种身先士卒的精神。管理者能站在众人之前跨出第一步，领导大家向目标迈进就是能力的证明。这样的管理者才能够真正地服众。

然而许多员工在晋升为管理者之后，却往往花很多时间学习如何摆架子，他们不明白伴随着职位而来的是更沉重的责任，更需要表现自己的优秀之处，喊破嗓子不如做出样子。史瓦兹·柯夫将军说：“下令要部下上战场算不得英雄，身先士卒上战场才是英雄好汉。”管理者大多数时间都是在基层工作，要明白自己不是“观战”的人，不能把自己置于“作战部队”之外，而是要“带兵打仗”的人，要把自己放在“兵头”的位置上。因此，更需要把70%以上的时间用来脚踏实地地做事，在以身作则的示范中树立自己的威信。这样的威信才是可以服众的，可以经受长期考验的。否则，光说不练难以服众，长此以往只会加剧和下属之间的冲突，最终使部门分崩离析。

高明的管理者都懂得身先士卒，为员工做出榜样，传递他们对工作的热情。台湾第一大民间制造业——鸿海集团执行长郭台铭就是用身先士卒、以身作则的管理风格让员工心服口服的。

多年前，鸿海生产黑白电视的旋钮，刚引进连接器冲压技术时，郭台铭每天都到工厂，亲自带领同仁一起磨炼技术。连续运作6个月，就将鸿海的冲压技术提升到国际水准。在非典疫情最严重时，郭台铭仍坚持飞回深圳龙华基地，他就是要告诉所有鸿海人，哪里最危险，他就在哪里。

郭台铭这种身先士卒的精神极大地鼓舞了员工的工作热情和干劲。这就是榜样的力量。榜样的力量是无声的，却比任何豪言壮语都更能说服众人。如果管理者能够像郭台铭一样身先士卒、勇挑重担，为员工解决棘手问题，当然能够赢得员工的敬爱和佩服。

虽然新时期员工的思想观念、价值取向和兴趣爱好都发生了巨大变化，他们对管理者的挑剔程度和评选标准有了很大改变，可是，在他们看来，管理者身先士卒仍然是最有说服力的。因此，高明的管理者懂得：若要部属努力地工作，自己必须更努力地工作。要激发团队的斗志，身先士卒是最简单的方法。

身先士卒不仅是能力的证明，也是品德的证明。作为一个管理者，应成为下属的行为楷模，处处起到模范带头作用——凡要求下属做到的，自己首先做到；凡要求下属不做的，自己坚决不做。无论在大事上还是小节上，都要做到身先士卒，吃苦在前，享受在后，为下属树立榜样。很多时候，人们习惯于见困难就躲就逃，见利益就争就抢。在利益面前，如果管理者能够为员工考虑，身先士卒避让利益，也会让员工敬佩的。

有个小规模的私营企业，在大夏天，管理者放着宽大的办公室不用，放着空调不开，自己在一间不足五平方米的办公室办公，而且还开着一个小功率的风扇。但是他却让员工用宽大明亮的办公室，空调电脑一应俱全。

刚开始，新员工没有去过管理者的办公室，以为他的办公室很宽大舒服。因为管理者工作身先士卒，每次都是他率先完成任务。可是，没想到一次开会时新员工走进管理者的办公室，看到管理者的办公条件如此简陋，内心马上就升起了一股既内疚又佩服的感情。他们感到管理者确实是工作在前、享受在后的模范。因此以后不用督促，就能十分主动和努力地工作。而这只是因为他们感到，自己工作不好就对不起管理者。

这位管理者为什么这样做，老板命令过他吗？没有！是他自己要作秀，自找苦吃吗？也不是！只因为在他的心目中，员工的利益高于一切，这就是他避让利益身先士卒的原因。

以身作则不仅表现在克服困难、避让利益上，也表现在平时的工作小事上，这同样也可以树立自己的威信。

可见，不论大事小事，管理者能够以身作则，这不仅能够树立起管理者的威信，也是一个光荣传统，是一笔宝贵的精神财富。员工在这样的精神感召下，也会改变自身的一些缺陷，提升自己的能力和素质。这样的管理者就起到了管理者的模范带头作用。

能力出众才能服众

一些新上任的管理者或者即将被分配到其他部门的管理者往往会这样感慨："职务每一次调整之初，常常有底气不足、力不从心之感，总担心难以服众。"的确，如果人们不认可自己的能力，又没有威信，工作就无法开展。而"服众"与否，则取决于"出众"的程度如何。只有在学识、能力、品行等方面"出众"，才能赢得员工的理解、信任和支持。

如果说品行、修养等这些内在的东西无法让人一眼看到的话，那么，能力、技艺却是可以耳闻目睹，很快产生效应的。因此，那些具有专业能力的管理者不妨以此树立自己的威信。

各行各业都有自己的技艺。尽管领导干部也不可能什么都懂、什么都会，但如果没有自己的专攻、特长，仅仅靠什么都略知皮毛的"样样通""万金油"，是难以立住脚的。

管理者应有自己的专业能力。这一点，对于一般管理者来说应该不成问题。管理者大多数是从员工中提拔的，他们早在当员工时就练就了令人佩服的技艺。只不过到一个新的岗位，也许员工对自己并不十分了解，因此就要掌握适当的机会露一手。

上司之所以提拔某些人当管理者，一是看重他们的管理能力，二是看重他们出众的专业能力。这不仅可以传帮带，帮助团队成员提高水平，而且也可以让员工们眼见为实，提升管理者的威望。

另外，这也是对管理者工作能力和价值进行评判和测试的关键。作为一个员工，只需要将管理者交代的任务圆满完成，就称得上一个好员工。而管理者则不然，管理者必须从公司发展的角度出发，为部门拟定战略方向，制定目标，明确任务。尤其在员工遇到棘手问题时，如果管理者能出面解决，员工就会对其刮目相看，增强战胜困难的决心和勇气。

温州立峰摩托车集团的前身只是一个生产摩托车车把闸座的小厂。但这家企业最初开发的产品具有独特性，其表面防腐性能超过了日本企业标准，填补了国内空白，从而成为国内摩托车生产企业用来替代日本进口原件的替代品。这是为什么？就是因为他们在产品工艺处理上有一招绝活。因此，立峰在几年时间内产值就翻了三番，规模与效益较早期扩大了十多倍。

做管理者也是一样，需要做个“行家里手”，对上级的“规定动作”做得出色，对本地的“自选动作”做出特色；别人束手无策的难题，他们能够迎难而上、迎刃而解，自然会“服众”。否则，一个问题百出、解决问题的能力连普通员工都不如的人，怎么有资格领导其他员工？

当然，能力来自经验的积累，也来自实践的锤炼。每个部门都会遇到新情况、新挑战，任何经验和能力也有阶段性、时效性，因此千万不能对自己的专业能力过于自信，要及时补充、更新，不断学习，与时俱进，这样才能让自己的专业知识跟上时代的步伐。

公生明，一碗水要端平

据一项相关调查表明：有70%以上的员工认为，一名称职的管理者应该坚持原则，是非分明，公平公正。

有些管理者对这些不以为然，他们认为，威信就是人缘好，就是不得罪人，于是放弃原则，赏罚不公；或者任人唯亲；或者靠给某些有后台的员工小恩小惠取得暂时的支持。这绝不是树立威信的正确方式。

因此，作为管理者，不论高层还是中层，都要领会公正无私的内涵。因为员工心中有杆秤，不平则倾。虽然老板赋予了你管理者的权力，可是权力的行使也要得到员工的拥护。只有在员工面前树立公正无私的形象，才能更好地树立威信，才能提升自己的感召力，赢得员工的拥护。这种归属和接受不是强制性的，而是由衷的、自觉的、心甘情愿的。

要做到处事公平，必须专注于品格的修养，心存一个“正”字，做到思想纯正，没有私心；品行端正，不搞歪门邪道；处事公正，不分亲疏厚薄。特别是在分配工作、处理事关下属切身利益的问题时，必须公平，那样名望就会建立起来。

明初，朱元璋很不满意李善长任丞相，曾多次责备，并流露出起用刘基的意向。可是，刘基却对朱元璋说：“更换丞相犹如更换房柱，必须用大木。像我这样的细木条如果被起用，房子顷刻就会倒塌。”

不久，李善长罢相，朱元璋准备以杨宪为相，于是又征求刘基的意见。因为杨宪与刘基过从甚密，朱元璋想这次刘基肯定会支持他。不料，刘基这次又持反对意见，理由是：杨宪这个人难以做到公平，以义理为评判是非的标准。朱元璋又问汪广洋如何？刘基说，“这个人器量狭小浅薄，比杨宪有过之而无不及。”朱元璋又问胡惟庸怎样，刘基说：“犹如一匹驾车的马，我担心他会把车驾翻了。”

最后，朱元璋想了想说：“现在的丞相人选，实在没有人能超过你的，还是你来吧。”刘基还是拒绝。他说：“我这个人疾恶如仇，性情太刚，又缺乏处理繁杂事物的耐心，让我任丞相会有负皇帝的恩宠。”

后来，杨宪、汪广洋、胡惟庸都得到不同程度的重用，胡惟庸还任丞相8年，但都相继败亡，正如刘基早年预言的那样。

刘基就是处事比较公正的人。他对别人的看法完全是从为国家着想的角度出发。他不但客观公正地评判他人，也公正地评判自己。令人向往的丞相职位他不是去夺去抢，而是去让，这就是他处事公平的表现。

处事公正就要心中有他人，戒除自己过分膨胀的私欲之心，另外，还要严于律己，宽厚待人，做遵纪守法的人。处事公正还表现在管理者敢于拿自己的错误“开刀”。

中国有句成语叫作“克绍箕裘”。这句话的意思是说，篾匠的儿子用不着专门培训就会编簸箕，裁缝的儿子用不着专门培训就会缝制衣服。因为他们天天观察父母干活就渐渐学会了。

在企业中，管理者的行为对员工也可以起到潜移默化的作用。如果对自己的错误千方百计地隐瞒推脱；对员工却小题大做，动辄训斥，揪住小辫子不放，也是处事不公的表现，这些做法也会严重影响员工的工作热情。因此，管理者要带好队伍，培育员工公平处事的品德和能力，自己必须做出表率。所以，管理者对于自身的错误也不能姑息迁就，要敢于曝光，这样才能教育其他犯错误的员工。

另外，处事公正还表现在敢于维护大多数员工的利益，和错误行为作斗争。因为管理者在管理员工的过程中，也会遇到具有深厚背景的人。如果他们飞扬跋扈，不可一世，而管理者又置之不理，就会影响自己在员工心目中的形象。因此，要有为员工伸张正义的气魄和公心，这样才能赢得员工的爱戴和尊敬。

一个在私企做管理者的员工回忆说，当年自己从清洁工被提拔为生产管理者后，在厂里面引起了不小的轰动。可是，最不服管教的就是那些“皇亲国戚”。他们故意挑拨工人间的关系，影响团队的团结稳定。在这些人的影响下，整个生产部门都弥漫着消极散漫、得过且过的风气，造成了当时生产部门工作效率低下。可是，要拿他们开刀必然会得罪很多人。虽然老板说会给予支持，但是也可能会迫于压力解雇自己。如果不处理他们，其他员工的工作热情就会受到影响，自己也无法树立起威信。

在种种情况下，这位打工仔秉着一颗公心，一心要把这些问题解决掉。终于，在一次部门大会上，他宣布了开除这些“皇亲国戚”的理由，没想到群情振奋，员工们激动地把他抬了起来！他们感到自己终于遇到了一位敢伸张正义的管理者。这是新管理者没有想到的，他看到了公平处事的力量，威信也马上树立起来了。结果，老板看到他在员工中如此有威信，不但没有开除他，反而提拔了他。因为维护了大多数人的利益也就维护了企业的利益，老板对此是求之不得的。

总之，管理者要“赢得信任”“赢得人格”，不是靠嘴上说一说，关键看怎么做。越是矛盾突出，越要坚持按章办事、公道正派，不能凭个人好恶来管理员工。因为上司重用你就是为了让你带出一支充满正气的队伍，这样才能有效地凝聚一批人才，推动团队建设实现跨越式发展。

廉生威，两袖清风得人心

廉，即是清白高洁，不贪心。屈原在《楚辞》中说：“吁嗟默默兮，谁知吾之廉贞？”廉，即俭约、便宜。

用廉来评价人，含正直、清廉、公平之意。古代为官的人，有少数能够认识到，廉不仅是一个人的修养、品质，它还可以演化出一种作风，养成一种风气，成为一种统御方法。古语云：吏不畏吾严，而畏吾廉；民不服吾能，而服吾公。

公生明，廉生威。管理者从自身做起，自身清廉，淡泊明志，宁静致远，必然能提高管理效率。正因为廉有如此大的作用，中国古代才把廉作为好官的主要标准。《三国志·李通传》中记载，司马懿曾提出：“为官长当清、当慎、当勤，修此三者，何患不治乎？”其中把清廉当作为官的首要条件。南宋吕祖廉在《杀莱昂大史别集》中又提出：“当官之洁唯有三事——日清、曰慎、曰勤。”也是清廉在先。

中国几千年来的历史中，的确有些为政者以清廉、公正、无私为本，以廉生威，拨乱反正，造福一方，赢得人民信赖。历史上的包拯就是其中之一。

包拯一生清廉。史书上说包拯后来虽然做了大官，地位很高，但穿的衣服，用的器具，吃的东西，都和他为布衣平民时没有什么两样。他被任命为陕西转运使后，本来应该穿上绘有新等级标志的“章服”上任，以示尊荣。而他偏不，穿着原来的衣服就赴任去了。宋仁宗听后，十分赞赏，特地差人骑快马去追包拯，把三品章服赐给包拯。

端州盛产砚石，早在隋唐之际端砚就久负盛名。历任官员在向朝廷缴纳砚台时都要借机勒索，额外增加数量，加重人民负担，弄得百姓怨声载道。包拯到任后，一改旧习，命砚工按进贡数量制作，自己一块不留，此举深受百姓欢迎。包拯离任时，砚工特地精制了一方好砚送给他作为纪念，被他婉言谢绝。

包拯以清正廉明为本，逐渐形成牢固的威信。史书记载说：“贵戚宦官为之敛手，闻者皆惮之。”开封府署旁有一块题名碑，凡在开封府任过府尹的，都在碑上刻下姓名和任职时间。包公曾任开封府尹一年多，也刻了上去。凡是到此地来的人，为表达敬慕之情，都用手指抚摸包拯二字，结果包拯的名字都被摸得模糊了。现在这块碑石还保存在开封历史博物馆里。

俗话说，身正不怕影子斜。如果为官者都廉洁不贪，那么整个国家的政治也就搞上去了，经济实力也强盛了。盛唐时国力强盛，盛况空前，靠的就是一个“廉”字。管理企业，也是同样的道理。

奖罚分明，言出必行

这是一个管理艰难的年代，我们可以用各种词汇去描述：颠覆、悖论、不确定、乱流……但都不确切，唯有“前所未有”最为恰当。

不少企业、团队陷入了深深的困惑——管理层使出“浑身解数”，企业、团队的执行力还是无法有效提高，员工还是无精打采。整个企业、团队就像一台生锈的机器，运转起来特别费劲。

为什么不试试建立一套有效的奖罚机制呢？让你的员工在奖罚机制的前拉后推下奋勇奔跑。

杰克·韦尔奇曾一针见血地指出：团队执行力就是企业奖惩制度的严格实施！

当利益摆在眼前，而且切实可信地能够攫取的时候，人人都会争先恐后。反之，如果危害迫在眉睫，人人都会退避三舍——趋利避害，是最基本的人性。作为管理者，就要懂得利用这一点，用赏罚的工具增强团队的执行力。

奖励是为了让员工更积极，惩罚是为了让员工更合作。在运用赏罚这一管理工具时，有几条原则需要引起注意。

1．一视同仁

公平、公正是公司执行奖罚制度的第一条原则。大家一视同仁，不赏私劳，不罚私怨，不过宽，亦不可过严。

2019年夏天，沿海某中型公司召开了一次中层干部会议。

会议上，谈到了公司老板的弟弟犯了一个错误，按例应该处以1000元的罚款。这时，老板的弟弟站起来，当众表态：“我身为老总的弟弟，本应该成为大家的表率，这次犯了错误，我加倍认罚2000元。”

会议室顿时静悄悄的，大家都露出赞许的眼神。

没想到，这个“加倍认罚”的请求，非但没有获得老总的赞许，反而招致新的批评：

“你请求加倍处罚，违背了奖罚公平的原则。你之所以这么说，是因为在你的内心深处还是把自己置于特殊地位。这也说明你在工作当中，没有真正地以普通员工自居。你有这种思想，工作是做不好的。这个错误比你工作中的错误还要严重！”

一席话，让老板的弟弟惭愧不已。

案例中的老板，对于奖罚的一视同仁原则的理解可谓深刻。实际工作中，大多数管理者都能够接受这个原则，但是在具体工作中，却常常不知不觉地违背这一原则。这种违背，并非故意，而是由于对一视同仁的原则没有理解透。

2. 规则明确

为什么授奖，为什么挨罚？一定要在明确的规则下进行。奖罚的规则尽可能形成明文的规章制度，以防止奖罚的随意性。随意奖罚，就可能使得奖罚产生不公平；随意奖罚，对下属行为导向的信号往往不明确。

某公司业务部徐经理在月底例会上宣布：奖励新进员工徐小曼1000元，因为她态度积极、工作出色。平心而论，作为新进员工，徐小曼的工作态度与业绩都蛮优秀，加上当月部门业绩喜人，经理便在例会上动用经理基金对徐小曼进行了奖励。

可是会后不久，各种怨言与流言就开始在业务部流传，甚至蔓延到了整个公司。有人抱怨：我刚进来时第一个月，业绩比徐小曼还要好，怎么没有奖励？有人抱不平：态度积极？不过是在徐经理面前好表现而已，背着他比谁都懒！甚至还有流言：据说徐小曼是徐经理的侄女。更离谱的是谣言：徐小曼和徐经理之间有暧昧关系……

而徐小曼呢，身不由己地被卷入这场莫名其妙的漩涡之中，不久就因压力太大而辞职。

一个随意的奖励，居然引发那么多的负面情绪与后果。同样，一个随意的惩罚也会污染团队的气氛。要杜绝这种恶果，需要将奖罚标准制度化、量化，摆在明处，让大家心服口服。

3. 双管齐下

有些公司领导本着“善心”，不太愿意用罚作为激励手段，而是偏重于奖励。殊不知奖励有时候并不一定管用。

曾经有一个国家晚间城门失火了，火势很大，有可能蔓延开去，国王很惊慌，于是传了旨意要求老百姓连夜救火。他许诺凡是参加救火的百姓都赏金银布帛，并且免除徭役，但时逢深夜，没有谁愿意来救火。

一位智者建议说，如果奖励不起作用，那么就用罚吧。于是，国家的命令变成了，凡是不参加救火者，罚多少钱，服多少年徭役。命令一出，周围的百姓都跑来救火了。

赏罚是一个硬币的两面，离开任何一方，另一方都不能成立。只有赏，人们容易懈怠和投机；只有罚，人们容易消极或者反抗。

4. 严守信用

说奖就奖，该罚必罚！人无信则不力，但有些管理者，特别是老板，或在兑现奖金时舍不得，或在行使处罚时不忍心。

楚汉争霸时，投靠了刘邦的陈平对西楚霸王项羽的评价大意是：项羽表面上很爱他的士兵，他的士兵生病他也会因此落泪，但当他要奖赏他的将士时却特别吝啬。

有座城池久攻不下，项羽许诺谁攻下后就将城池赏赐给谁。一位赵姓将军受此鼓舞，血战三个月，终于破城。但项羽拿着掌管这座城池的大印，在手里反复摩挲把玩，连大印的角都磨得发光了也不肯发下去。

下属得不到应该有的赏赐，就会觉得他并不是真的爱惜自己，连看见士兵流泪的事也显得虚伪了。时间一长，英雄的“本色”会被下属看得很清楚，跟着他的人越来越少。

赏罚要严守信用。古代兵书《尉缭子》中说：“赏如日月，信如四时。”如果有功不赏，就会让下属寒心，失去前进的动力。反正做不做都一样，那还不如不做呢？

如果有了过错不处罚，那么你就失去了一次纠正下属错误的机会，很可能使犯错误变得顺理成章了，今后再要纠正就比较困难了。所以，该罚的时候一定不能手软。

CHAPTER 03

第三章

决策是管理的心脏

管理是指通过计划、组织、领导、控制及创新等手段，结合人力、物力、财力、信息等资源，以期高效地达到组织目标的过程。决策则是为了到达一定目标，采用一定的科学方法和手段，从两个以上的方案中选择一个满意方案的分析判断过程。管理就是决策，是指通过分析、比较，在若干种可供选择的方案中选定最优方案的过程。

决策决定着企业发展的盛衰，关系到企业的生死存亡。因此，美国著名决策大师赫伯特·西蒙认为："决策是管理的心脏。"

决策不容回避

作为管理者，在其综合素质上，有三方面属于核心能力，即决策、用人、专业。而这三方面侧重点又各不相同：对于管理者来说，最重要的是决策，其次是用人，最后是专业。

可是，有些中低管理者认为做决策是高层管理者的事。自己作为执行层，只需要把领导的决策执行到位、落实到位就可以了，没必要去做决策。在这种思维方式的支配下，他们即便执行领导的决策也处于被动的局面。而且这也会造成团队中只有高层管理者或只有老板一个人做决策的情况。如果事情紧急而老板又不在场，就会没人拍板，这会直接影响企业的发展。

还有些管理者根本不做决策，相信船到桥头自然直，走一步看一步。在这种思维模式下，部门的工作也是很盲目的。即便成功也是“撞大运”的结果。

管理者要担当好管理的角色，要有规划、组织、指挥、用人、控制等五项管理功能。管理者是劳心者而非劳力者，劳心者即运用其心智，发掘潜在问题，进而深入分析，提出解决对策。因此，管理者需要动脑思考，需要做决定、做决策。

随着管理者在公司内职位的不断晋升，他所采取的决策方式也会发生变化。职位较低时，他的工作可能是设法把各种产品销售出去，此时，行动是关键；职位较高时，他的工作则可能牵涉对提供哪些产品与服务，以及如何开发做出决策。若想在公司里不断晋升，并能胜任新的角色，就需要学习一些新的技能和行为方式，此时的大部分时间就要用来做决策。

也有些管理者重视决策，可是他们做出的决策经常是错误的，这些都是没有决策力的表现。

决策错误是指由于调查研究不够，民主决策机制未落实，听取意见或建议不充分等原因，致使领导制定的有关决策无法执行，而导致工作失误，造成损失的行为。这种现象在企业中并不少见，如联想控股总裁柳传志在2000年网络最火爆的时候，投资FM365网站超过1亿元人民币，决定运营门户网站；TCL董事长李东生2005年投资法国汤姆逊；顺驰地产董事长孙宏斌2005年决定百亿规模扩张等。

管理者是部门的领头羊，最大的责任就是要对上级负责，对下属的工作结果负责。对结果负责，就是要决策本身有效。如果管理者的方向错误，员工再怎么努力都是南辕北辙。市场就如同一个没有硝烟的战场，同行业之间的竞争已经发展到白热化的程度。谁在经营管理决策上善于筹谋，具有前瞻性，谁就有可能在市场上领先一步，抢占制高点。因此，要提高部门的执行力首先需要管理者重视决策，有正确决策的能力。当发现工作中遇到了很多返工环节，那就说明在工作之前没有仔细思考就做出了决策。这样就会降低自己的威信，无法动员和凝聚组织成员了。

当然，管理者做决策和高层管理者做决策的内容不同。高层管理者要考虑那些对企业发展具有战略性的问题，而管理者做决策往往只考虑本部门的工作怎样开展才能更好地配合公司的发展战略。企业管理者所要做的，就是面对各种不同的情境都能做好决策。

一般而言，管理者做决策主要表现在以下几方面：

1. 评估外界环境情势的变化，分析有哪些趋势对自己而言是机会，哪些是威胁。应练就化威胁为机会的功夫。

2. 了解本身有哪些资源——自己的强处与弱点在哪里，以界定自己的生存空间与发展方向。

3. 谋划本部门的整体目标与长期发展计划。以这些目标和计划作为部门努力的方向和绩效衡量的准绳。

4. 依整体目标拟订部门的政策方针与策略，以使人力、物力及时间等资源获得最充分与最有效的利用。

5. 在决策正确的基础上追踪考核，确保决策的正确执行。

在一个竞争的时代，成功的管理者会告别“拍脑袋”决策。他们会应用商业智能把数据变为知识，用知识帮助决策，并借用“外脑”，向管理者提供“集体智慧”，从而提高决策的效率和水平。

综合分析是前提

要想正确决策，离不开正确的分析判断。分析判断和决策一样都是人的思维活动，它不是建立在数学和逻辑基础之上的，而是建立在人的感情、理念和经验的基础上的。既然是建立在自己的感情和经验的基础上，有些时候就难免会发生一些错误的或者以偏概全的分析判断，那样就无法保证决策的正确性了。

比如，当美国卡特里娜飓风来袭时，负责监测灾情的准将马修·布罗德里克还是按照他过去的经验来判断，他认为早期的信息都是不准确的，因此没有及时汇报早期收到的溃堤信息，造成了救援迟缓。由此可见，要保证自己的决策正确就需要对所接触的事物进行综合分析判断，不能仅凭自己看到的一点或者听到的一点就匆忙下结论。

在日常工作中，管理者也经常需要对一些事物做出分析、判断和决策。正确的决策是经验和科学的结合。一个善于决策的管理者往往在碰到问题时首先会思考：这是本质问题所表现出来的表面症状，还是一次偶发性事件？他们会把一些看起来不相关的事物联系起来进行系统思考。那些拥有正确的综合判断力的领导，不仅会给所在的单位带来财富，也会给一个国家、一个民族带来巨大的财富。

在中国历史上，具备这种综合分析判断能力的人不在少数，李泌就是其中之一。李泌是中唐时期的大谋略家。他不但受到唐玄宗的赏识，在肃宗、代宗和德宗三朝中，许多政治事件都出自他的正确决策。他之所以能决策正确，就是因为他看问题能够仔细鉴别、综合判断，故而向皇上进言具有很强的说服力。

李泌的综合分析能力仅从他帮助唐德宗摆平家事中就可以看出。

一次，唐德宗告诉李泌这样一件事：有大臣告发太子詹事李升带刀进入郜国公主府中。郜国公主是太子的丈母娘。太子的丈母娘与人私通，皇上的颜面不是都丢尽了吗？于是为正视听，唐德宗把公主囚禁于宫中。这还没完，勃然大怒的皇帝居然迁怒于太子。

德宗被这些乱七八糟的家事所烦，于是把李泌召来征求意见，李泌听完后分析道："郜国公主都这么老了，而李升还这么年轻，这一大一小两个男女怎么可能有私情？"他进一步分析说："我想一定有其他不可告人的目的。以臣之见，这是有人想动摇太子的地位。"李泌一针见血地指出。

当德宗将信将疑时，李泌追问这事是谁抖搂出来的。德宗当然不会告诉他。可是，李泌说："臣猜，这一定是大臣张延赏讲的！"

德宗惊奇了："人家都说宰相料事如神，看来什么事情都瞒不过你呀。"

李泌又说道："我还知道，这位张延赏和李升的父亲不和。现在李升受到陛下的赏识，他一定不甘心，要设陷阱进行陷害！"

听到这里，唐德宗有些迁怒张延赏了。他向李泌求教应该怎么办。李泌提出让李升担任别的官职，不在宫中值夜班就没人嚼舌头了。多日来缠绕德宗的家事顷刻解决了。

幸好李泌明察秋毫，经过综合分析，做出了正确的判断，才避免了一场政治危机。这件事情真相大白后，太子曾找到李泌说他当时因为感到无颜见父亲，已经做好了服毒自杀的准备。如果是那样的话，张延赏可谓一箭三雕了。可见，李泌及时的明察是多么重要。

在企业的经营管理中，管理者们也会遇到一些看起来扯不断理还乱的麻烦事，甚至令人感到无从下手。此时，不可偏听偏信，意气用事，要对所掌握的信息进行综合分析。这样才能分辨真伪，做出正确的决策。

提高综合分析判断力，就要提高远见力、洞察力、分析力、应变力等。

1. 远见力

远见力是一种对未来的预测力，是管理者综合事实、希望、梦想以及危险等而预测出企业发展的未来。这需要对企业及其环境有深入的了解。

2. 洞察力

洞察力要求领导具有先见性，做到对当事人的动机了解透彻。这需要从各种角度去观察，能迫使管理者抓住问题的核心，能敏锐地觉察出内部和外部环境的变化，而非只看表象。缺乏洞察力的管理者，会只见树木，不见森林，抓不住问题的根本，因此无法拟定出有效的解决方法。

3. 分析力

分析力要求管理者以综合的见解来平衡判断的差距。分析力要求管理者做到：面临困难的问题时能深思熟虑，做出适当的判断。要具有分析力，管理者必须经常走出办公室，到生产、销售一线去了解一手资料，了解市场上遇到了什么困难？是员工的问题还是命令本身有问题？另外，还要建立更多的信息通道。比如，小型企业的市场信息日报表，中等规模企业的信息平台和专业信息岗位的设置等。通过这些途径也可以掌握更多的信息。根据多方信息的反馈，加上领导的专业分析，下一步的市场或管理方案就产生了。

4. 应变力

应变力能事先推测如何应对未来发生的事件，而不是被动地等企业遇到突发事件时才想到解决。

总之，虽然很多东西，无论思考多细致，布置多周密，总也无法完全掌握，总有想不透的一环，总有意外在等着你。但综合判断力强，决策的正确率就会提高。如果管理者能够明确地判断，清晰地作出战略选择，就会避免很多决策的失误。

决策需要多谋善断

商战需要谋略，谋略是商战的法宝。大至企业的长远发展战略，小至具体产品在市场上的占有率，离开了正确的谋划与决策，再多的行动也会失败。

谋略需要多谋善断。“多谋”是指管理者通过调查、策划、商量、讨论、咨询等行为，去寻求实现某一个目标或解决某一个难题的途径或方法的一种思维活动。“善断”就是对正确的计划、决定敢于做出判断或决断。多谋善断，就是要求管理者在实施和组织工作的过程中，要善于运用谋略，运筹帷幄，创造性地开展工作。这同样也是对管理者做决策的要求。

为什么需要多谋善断呢？因为决策的内容都是关于企业在未来的发展，而未来又是不确定的。为了应对这种不确定性，就需要多谋善断。具体来说，有以下几点需要注意：

1. 尽可能多掌握信息

要多谋就要眼观六路、耳听八方，掌握周遭环境动态及其变化，获得珍贵的情报。比如，李泌之所以能说服唐德宗，就是因为他掌握了张延赏和李升的父亲不和的信息，因此才判断他肯定要对李升报复、诬陷。

2. 培养理性思维水平

要多谋还需要不断培养自己的理性思维水平，用冷静的分析来决策未来。因为管理者决策的过程，从根本上说应是理性思维的过程。在这个过程中，必须具备较强的理性思维能力，能够辩证地认识问题，处理各种矛盾和关系。

比如，曹操能达到“挟天子以令天下”的目的，与当时荀攸辩证地看待问题，力排众议，说服曹操有关。

东汉末年，汉室经过大乱后，汉献帝被迎回了洛阳。曹操这时驻扎在许昌，他想迎回汉献帝。可是，大家都不主张迎接。他们说，现在崤山以东还没有平定下来，而为献帝护驾的两位大将势力很大，很难一下子制伏。

此时，荀攸站起来说话了。他说：“古代周襄王因为祸乱远离京都，是晋文公重耳接纳了他，并帮他复位，因此各国一致推举晋文公为霸主。如果说献帝在外漂泊时，将军因为局势混乱来不及接驾，而今献帝回到了京城，百姓们也怀念起汉室。可京城已经破烂不堪，我们为什么不顺民心去迎接献帝呢？如果将军现在不这样做，其他人去迎献帝，我们就失去了这个千载难逢的好机会。”

这一番话见识不凡，令曹操茅塞顿开，下定了决心去迎接汉献帝。

荀攸的这个决策就是理性思维的结果。只有运用辩证思维才能透过现象看本质，透过局部看整体。

3. 提高逆向思维能力

既然是多谋，还需要提高逆向思维能力，善于以果推因，寻根溯源，通过对问题形成原因的认真思考、判断，来修改、完善自己的工作决策。这样做出的决策才是符合客观事物发展规律的，才是正确的决策。

比如，新希望集团要上一个项目时不是从项目的可行性说起，而是从项目的可否入手。每个项目出来都要进行三轮“批判性论证”，第一轮在企业内部论证，第二轮是邀请企业外部各方面专家论证，第三轮是集中企业内部和外部专家共同论证。只有经过这几个回合的论证仍驳不倒的项目，集团才会研究这个项目投资上马的时间问题。

4. 掌握更多知识

多谋就需要掌握各种知识。掌握的知识越多、越全面，思维的空间就越广阔，就能更好地谋划、决策，为做出正确的决策打下坚实的基础。

中国历史上，那些足智多谋的人无一不是饱览群书、知识渊博的人。

5. 发挥员工的作用

无论如何贤能的管理者，也不可能事事、时时都是智多星，管理者也有没主意的时候，因此要注意发挥员工的作用。因为在员工中蕴藏着无穷的智慧和创造力。好的管理者会通过各种方式认真征求下属意见，下属看到管理者如此谦逊和民主，也会竭尽全力来为管理者出谋划策，从而使管理者获得更好的方案。

“善断”就要不失时机，恰到好处，当机立断。“善断”还要坚持原则性与灵活性相结合的原则，在具体工作中，要根据不同的情况，需要刚则刚，需要柔则柔，采取形式多样的方法，创造性地开展工作。

多谋善断是一门领导艺术，要真正融会贯通，灵活应用于具体的工作实践，不但要具备广博的知识，扎实的理论功底，还要有丰富的实践经验，创新的思维能力。只有这样，才能驾驭复杂的局势，趋利避害，打开新的工作局面。

准备多套备选方案

我们知道，决策就是一种选择，从本质上说就是选择做什么、不做什么。既然是选择，就需要准备多套备选方案。多方案是选优的前提，多了解才能有比较，有比较才能有鉴别，才能从中选择最好的方案，领导决策成功的机会也就越大。

另外，准备多套备选方案也符合决策的要求。如果决策中包括很多要实现的目标，如大目标、小目标等，就更需要准备多套备选方案。那样的话，也许一套备选方案能够很好地满足首要决策目标，而另一套方案能够更好地满足第二、第三目标。决策力就表现在当管理者面对多种选择时能够系统地进行思考并做出一系列准确判断。另外，备选方案就像比赛中的替补队员一样，在意外情况发生时可以应急。就像我们逛商场总有一个应急通道一样，这个应急通道就是备选方案之一。

这种方式不仅适用于管理者指导员工的工作中，同样也适合管理者向领导汇报决策中。在向领导汇报工作时，管理者要根据自身对决策事件的判断，设身处地地站在领导的角度，提出两个或两个以上的方案和建议，供领导决策时参考。虽然有些时候，领导不一定能采纳，但他们可以从下属的建议中产生灵感，做出更好的决策。这样，管理者也起到了参谋作用，替领导“排忧解难”了。

可是，多套备选方案最后只会留下一套，那么，在多个备选决策方案的竞争中，采用什么形式和方法使一些决策方案被淘汰，又根据什么标准确定某一决策方案可行呢?

决策方案选优要依据以下客观的标准来进行：

1. 目标原则

所有方案都是为了完成目标，因此，选择最佳方案时要根据方案与目标的贴近度，从方案能否满足目标实现的要求来进行选择。脱离目标的方案首先应在淘汰之列。

如果决策就是为了实现一个目标，那么这个目标就成为方案选择的唯一标准；如果决策是为了实现多个目标，就要考虑各个方案与多个目标之间的关系及其与总目标的符合程度。通过全面衡量，确定各方案与整个目标系统的贴近程度。

2. 利害原则

依据方案的效益高低和危害大小、风险程度进行选择。特别注意该方案是否有利于维护本企业的良好形象和声誉，提高本企业的知名度和美誉度，是否有利于满足公众的需求等。以此为标准比较、分析，争取以最低代价、最短时间实现既定目标。

3. 适应性原则

这个原则是检验方案是否可行的最实用的标准。在建筑设计中常常犯这样的错误：获奖的不实用。因为那可能是模仿国外的或者比较时尚的设计，因创意时尚而获奖。但是，企业的管理决策是要落实到位的，是要各部门员工去执行的，只有适应实际工作情况，决策才有意义。当然，在执行的过程中，随着环境的变化和意外事件的干扰，方案应有一定弹性，这正是它适应性、灵活性的表现。

至于挑选方案的方式则可以参考以下几种方法：

（1）逐步淘汰式。通过各个决策方案之间的相互比较进行筛选，最终留下证明最充分、确认度最高的决策方案。

（2）综合互补式。在提出了若干决策方案并分别进行验证之后，有时也许会发现它们各自在某一方面都有明显的优点，因此不忍割舍。此时就可以弃各家之短，取各家之长，将这几个决策方案加以综合。这样就会产生出较为理想的最终决策。

（3）让专家帮助决策。所谓专家，即有专门学问的人。他们致力于某一方面的研究，往往从某一特定角度分析问题，分析结果可能是深刻的，因此，也可以请专家来帮助决策。只是要注意避免他们言论的片面性。

（4）集体决策。管理是为经营服务的，经营的过程是将其风险和损失降到最低，这是企业经营的生命线，因此，管理所要做的是保证整个经营过程的良性运转。如何降低风险？最好的方法就是集体决策，而不是个人决策。

当然集体决策并不意味着“跟着签字”，而是要告诉每一位参与决策的人，他能做什么，他的行为的边界是什么，以及与之相配套的奖惩制度。只有这样，人们在决策时才会真正尽自己的责任，才会有将工作做好的动力。

最后需要注意的是，管理者准备备选方案时，思维应从全局的高度和角度出发；而在执行过程中则又必须以局部的角度、从属的地位为出发点。这样才能及时为领导提供严谨、正确的意见和建议。如果只是站在局部利益的立场出歪点子，这就背离了管理者的职能。

审时度势，科学决策

决策当然需要审时度势，符合客观环境的变化，因为客观环境是影响决策成功实施的因素之一。因此，做决策需要审时度势。时，就是势。得时就有了势，有了势，事情就会成功，失了势事情就会失败。善于管理的人一定要先利用势，这样才谈得上科学决策。

在企业的经营管理中，管理者做决策也要做到审时度势。审时度势是谋断的前提和基础；审时度势又是管理者对于领导活动的实际情况的认识过程。因此，管理者应以自己的胸怀和眼光，比对手站得更高、看得更远。这不仅是为自己的前程负责，也是为企业的发展负责。

做决策能审时度势，不仅是对一个人能力的考验，也是对其眼光和视野的考验。因为高明深远的谋略，不是一般人所能策划的。有远见的人看到的是大的时势，缺少远见的人看到的是小的时势。特殊的人才，才能策划出制胜的上上谋略。目光远近不同，得出的结果也大不相同。有几十年的眼光，可以建立几十年的事业；有几百年的眼光，可以建立几百年的事业。只争一时之得失，只料一时之成败，绝不是卓越领导的表现。因此，审时度势必须有高瞻远瞩的见识，有详尽周全的措施。

审时度势地做决策，一要正确调研，即对领导活动的历史和现实情况有全面、深入、客观的了解和认识。因为“心中无数，拍板必误”。要做到心中有数，必须进行调查研究。如果整天飘飘忽忽，忙于应酬，做表面文章，习惯于“拍脑门”式的决策，必定会给工作造成重大失误。

二要科学预见，即对领导活动的未来发展趋势、进程、状态及其结果事先做出正确的估计和判断。

三要有全局意识。领导意图的实现得靠管理者去落实。上级领导想问题不同于中层，他们看问题时，不会局限于一个单位、一个部门，而是宏观把握，具有全局意识。因此，管理者在为上级出谋划策时，也必须摆脱自身局限，必须善于系统分析和全盘运筹，要把自己分管的工作放在单位整体建设的背景下去思考，立足于为领导决策提建议、出方案。只有站在全局的高度，才能提高决策的准确性、高效性。

四要具备灵活性。因为有的时候时势相同但事情不一样，有时候事情相同但时势不一样，要根据具体情况具体分析。小的时势可以改变，而大的时势则必须顺应和把握。体察时势而进行变通，也是做决策的依据。

审时度势是科学决策的前提。审时度势是遵循规律的体现，遵循规律才能做到科学决策。因此，决策要不唯书、不唯上，只唯实。根据现有的主客观条件确定决策目标。所确定的目标无论是长期还是中期，都必须符合客观实际，切实可行。另外，在决策中不可好大喜功，贪大求多。一旦违背了客观规律，必将造成欲速则不达的后果。

总之，决策是管理者的重要职责，科学决策是管理者的必备素质。要做好决策，必须目光远大，关注时代的发展；搞好调研，发扬民主，接受监督。这样，才可以在千头万绪、纷繁复杂的领导工作与决策中，目光敏锐，高瞻远瞩，既能把握时机，又能避免急于求成，成为一名优秀的管理者。

关键时刻敢于拍板

当断不断，反受其乱。

如果决策时优柔寡断，以致时不再来，岂不悔之晚矣。

曾有一家跨国公司的管理人员用了几个月的时间，向老板说明该公司计划在全球范围内使用的一套信息技术系统不能兼容中文。另外，还有一家消费品公司的经理则把希望缩小产品包装的提议递交给了上级等待批准。等到这个建议获得审批，时间已经过去了5个月，竞争对手早已推出了类似的小包装产品。

威廉·沃特说："如果一个人徘徊于两件事之间，对自己先做哪个犹豫不决，他将会一件事情都做不成。如果一个人原本做了决定，但听到自己朋友的反对意见时犹豫动摇、举棋不定，那么，这样的人肯定是性格软弱，没有主见的人，他在任何事情上都只能是一无所成，无论是举足轻重的大事还是微不足道的小事，概莫能外。"

的确，有的人虽然能力出众，却优柔寡断，在选择和机遇面前犹豫不定注定是人生的悲剧。犹豫不决的心理往往是在马上要行动的关键时刻出现，使人改变决策或回过头来重新思考。等到再一次确认原决策正确，应该实施的时候，外因或内因已经起了变化，所决策的内容不能再正常进行了。在很多情况下，不能信心百倍地坚持自己的决断都会造成巨大的损失。犹豫不决甚至比鲁莽更糟糕。

其实，对一个管理者来说，最坏的决定是迟迟不做决定。在企业管理中，有一个所谓70%的解决办法就是：当你只有70%的把握，就要作出决定。尽管70%并不令人非常满意，但它有成功的希望，若你不作出决定就完全不可能成功。因此，一事当前，管理者必须拍板，这种决策的时机稍纵即逝，考验着管理者的气魄和能力。

犹豫不决只能误己，果断才可成事。古往今来，成大事者都有一个共同点：处事果决，当机立断。

据《北齐书·文宣帝纪》记载，北朝东魏丞相高欢想试一试几个儿子的才智，于是给每人发了一把乱丝，要他们以最快的速度整理出来。别的孩子都把乱丝先一根根抽出来再理整齐，这样，进度就很慢。只有高洋找来一把刀，挥刀将一些纠缠不清的乱疙瘩斩去，因此最先整理好。

其父见状问他为什么用这种方法，高洋答曰："乱者必斩！"后来，在高欢的儿子中，只有高洋脱颖而出，成为北齐的文宣帝。

"快刀斩乱麻"主要是说做事干脆，抓住要害，很快地解决复杂的问题。越是处理错综复杂的问题，越需要大胆果断的行动，排除各种人为的干扰，坚定地走向既定的目标。因此，当我们在博弈中，遇到各种困难和危险时，不妨运用"快刀斩乱麻"的方法，果断处理，从而打开局面。

军事家在战斗中果敢明断常能把握战机；企业家在商战中果敢明断常能无往不利。

一次，一家国外食品有限公司的中国区管理者莱斯在上海街头漫步时，突然被一个狭窄里弄里飘来的浓烈辛香味所吸引，进去一看，原来是一个小摊贩正在滋滋作响的烤羊肉串上撒孜然粉。这个意外发现让莱斯产生了一个新点子：孜然味的鸡肉条。几周后，他的研发经理就拿出了一份新的食品配方，由营销团队开始组织消费者进行品尝。两个月后，他们这种新产品一炮打响。

新产品的快速上市既有赖于莱斯团队的通力合作，也离不开这位管理者的果断拍板。有些跨国公司的在华业务管理者尽管拥有这样的自主权，但是他们面对一些新情况、新问题、新创意却举棋不定，频频征求上级管理者的意见，即使是像调整包装这样的小事也是如此。可想而知，由于他们的犹豫不决，企业也失去了超越自己、超越竞争对手的大好时机。

我们知道，再英明正确的决策也要靠执行来验证其正确性。如果犹豫不决，就等于将决策束之高阁。那样的话，决策者们的心血岂不是付诸东流了。作为管理者，决策不执行，受损失的不仅是自己，损失更大的将是企业。由此进一步说明，一个成功的决策者，不但要有正确决策的能力和素质，有决策的勇气和魄力，更要有执行的果断性，以及敢于承担决策失败的勇气和魄力。特别是在企业的经营管理中，下属在面对危机或面临机遇时，总希望管理者能够迅速、果断地采取行动，以便带领他们扭转局面。因此，做一个敢于大胆决策的人，不仅是自己有魄力的表现，也是团队成员的愿望。

智者说："使一个人形成果断决策的个性，是生命成长中道德和训练方面最重要的工作。"管理者们，要让你正确的决策发生效用，就果断地决策并执行吧。这不仅是自己决策力的证明，也是带领团队抓住有利时机实现跨越的机会！

CHAPTER 04

第四章

把好团队成员的遴选关

唐宋八大家的韩愈说："世有伯乐，然后有千里马。"在单位中，领导就是伯乐。但如何从下属中去发现千里马，培养千里马，就需要领导慧眼识珠，以德为先，用诚意求才，大胆启用各种各样的人才。

如何识别推销人才

在选择推销员时，要注意这几方面：被选择的对象，要能安心于推销工作，要保持这一岗位的员工的稳定性，否则，如果经常更换推销员，将永远是由新手来做推销工作，对企业就会造成极大损失；被选择的对象，应具有很强的事业心，把办好企业作为自己的奋斗目标，为了达到这一目标，而甘愿吃苦，即便从每天清晨8点出门登门拜访第一个顾主起，一直跑到晚上10点，他也毫无怨言；被选择的对象还要具备对企业忠诚的素质，他应该是一个忠诚老实的人，而且他要凭着这种忠诚去感动他的推销对象；被选择的对象还要善于辞令，措辞很准确。推销员选择好了以后，就要抓紧对他们进行培训。要通过培训，使他们逐渐克服一些不利于推销工作的“天然素质”，如过分体贴同情顾客，说话办事缺乏弹性，不乐意做推销工作等。

推销教育专家高曼说，选择推销员时，首先应深入分析，公司到底需要何种类型的人才来担任，并观察哪些人拥有此种人才的特点和条件。他还提到他开设了一个训练推销员的公司，公司在日内瓦。在这里受培训的是来自各个国家的大约8000个大企业的几十万名推销员。可见，对推销员，不但要重“选拔”，也要重“培训”。

如何识别助理人才

除了秘书之外，领导者身边还需要精明的助理人才。当阿尔诺德·帕尔梅开创他自己的汽车销售业务时，他对这一行一窍不通，但是他雇用了一家汽车制造企业的一个部门总经理来管理这项业务，相信这位先生是这一行的专家。

不幸的是，这位先生对汽车的了解是站在一个制造商的角度，而非推销商的角度。他从未卖过一辆汽车，并且习惯于担任拥有一大群下属供其发号施令的部门经理，所以已不习惯于在艰难中创业。更糟糕的是，他极容易接受工厂的意见。在汽车行业，经销商必须与工厂进行激烈的较量才能拿到抢手货。在这样的情况下，他这种态度可以说是致命的弱点。

阿尔诺德后来聘请了一位与汽车行业不相干的精明能干的商人。这一位曾管理过自己的生意，非常了解公司的管理费用，对降低成本极有热情。如果有人对他说："这件事一直就是这样做的"，他一定会想方设法另辟蹊径。结果是公司的业务蒸蒸日上。

领导者身边要时常保留几个敢说真话的人。

在决策时，如果全是一个腔调，没有任何不同意见，不可能作出正确的决定。事实上，许多人在上司面前，都喜欢讲上司爱听的话，从而造成"偏听则暗"。为了避免这种情形，应在身边部署几个不同凡响的家伙，他们不会轻易承认事物的表面价值，而是敢于提出不同意见，从而带动大家畅所欲言。

领导者有必要找个能听你诉苦的人。

领导人录用身边的工作人员，并不是要求每个人都精明能干，而应根据工作的不同需要，分别录用不同的人才，从而将各种不同类型的人组合成一个有效率的整体。比如找个能听你诉苦的下属，也是需要的。

在现代社会，由于生活节奏快，竞争压力大，每个领导者都有一本难念的经。这种苦闷和压抑久积于心，经年累月，便会导致神经衰弱，让人不堪忍受。如果能找个可以倾听诉苦的下属，以倾诉心中的苦闷，便可大大减轻领导者精神上的压力。

如何选用财务人才

财务主管作为现代企业最为重要的部门主管之一，在企业决策层中占有重要的地位。可以说，企业的任何决策都与财务主管有关，能否发挥其决策参谋的作用，受到企业所处客观环境的制约，但从根本上来讲还是取决于财务主管本人自身的素质与能力。企业的财务管理工作既是一项科学又是一门艺术，要想胜任这一重要的工作，必须具备较高的素质与能力。

一名优秀的财务主管应具备的素质主要包括道德素质、知识素质以及身体素质等几个方面。

1. 道德素质

财务主管是现代企业核心部门的负责人。由于其所处位置的重要性，他的品德素质对企业的发展至关重要。财务主管的道德素质主要有以下几个方面：

（1）作风正派。一个优秀的财务主管应当具有良好的工作作风，不论做人还是做事都实事求是，光明磊落，在财务管理工作中遵纪守法，廉洁奉公，严格按规章制度办事，坚持原则。

（2）有敬业精神。一名优秀的财务主管应当热爱本职工作，把工作视为一种需要和自我价值的实现。在工作中，勤恳踏实，不断追求创新，自觉学习相关工作知识与技能，不断提高自身业务水平。

（3）对企业忠诚。主要表现为视企业利益高于自身利益，不做任何不利于企业的事情，针对企业财会工作中的各种商业机密，财务主管应当严格保守，并自觉维护企业形象，为企业的发展积极出谋划策。

2. 知识素质

企业财务管理是一项专业性很强的工作，财务主管作为企业财务部门的负责人，必须掌握一定的专业知识，才能做好企业的理财工作。

财务主管必须具备微观与宏观经济学知识。这些知识给财务主管以正确的思维方法，使其能比较好地把握经济形势对企业经营的影响。要分析经济环境和经济形势，离不开宏观经济学中对货币与财政政策的知识；而微观经济学中边际成本与边际效益，以及市场运作原理对于正确地进行企业财务决策也至关重要。

财务主管必须熟练掌握会计知识。财务主管进行财务管理活动最重要的信息来源便是会计账目，企业的一切活动和营运情况都在会计账目中有所体现。财务主管在进行各种财务经营决策时，都要用到会计账目所提供的各种信息。

一名优秀的财务主管必须掌握相关的专业知识以及国家有关财务、会计工作的政策法规。像《企业财务管理》《审计》《管理会计》《责任会计》《税收会计》等专业知识是财务主管开展工作的基础，而像《公司法》《票据法》《企业会计准则》等国家的政策法规，也应当熟悉。

财务主管还必须对本企业生产的产品有较深刻的了解，产品性质不同，其所需资金、运转情况便不同。财务主管不应局限在自身所处的部门，其心中应有对整个企业各个方面的全盘认知，这样才能更好地开展工作。

如何聘用公关人才

和不同的对象、不同的人打交道要采取不同的方式，选派不同的人。因为有的人喜欢拐弯抹角，有的人喜欢直来直往，有的人喜欢和热情奔放的人打交道，有的人喜欢和文静温和的人打交道。私营公司在选派公关人才时，要尽量考虑公关对象。但由于小企业不可能备有各种人才，对每个公关对象也不可能都了解，因而在聘用公关人员时，应注意：

1. 不要选油头滑脑，让人一看上去就缺乏信任度的人。

2. 不要选高谈阔论、口若悬河而又没什么内容，没有思想深度的人。

3. 不要选言语之间时时流露出过于自私自利，只考虑本企业利益，不考虑公关对象利益的人。

4. 不要选轻于许诺的人。

5. 不要选过于感情用事的人。

6. 不要选思想简单，容易轻信，算不过账来的人。

一般来说，小企业选择的公关对象都是可能和本企业在业务上互有所需的对象，由于一般在业务上互有需求，所以公关的成功率也较大。怎样获得对方在业务上的承诺，也就是说本企业想让对方企业以自己认定合适的规格、质量、价格出售产品。同时，本企业想出售的产品让其按自认为合适的规格、质量、价格去买，除了产品本身的原因外，公关人员的公关水平也是一个非常重要的因素。

私营公司老板一定要注意，企业的公关绝不仅是公关部门和销售部的事。一般来说，公关部只适宜迎来送往和做一些日常性的联系工作，或作为经理的随行人员去工作；销售部只适宜推销产品，做与客户打交道的工作。如果是生产型企业，实际上车间和科技人员在公关上更有作用，例如购买什么样的原料等。小企业老板选择公关人员的一般原则是：

1．由懂行的人去公关，有时更有效。因为这时双方都较少存在对方不懂，可以糊弄的心理，能够直接进入实质性问题的讨论，双方谁吃了亏，谁赚了便宜心里也基本有数。

2．前去公关的人和对方的地位要相当，否则会给对方受轻视的感觉。

3．让有信任感的人去公关。双方合作的基础是建立在相互信任的基础上的，否则公关不能成功。

4．让熟悉、认识对方的人去公关。和对方熟悉、认识，一般也就知道对方的脾气、秉性，如此也就容易对症下药。当然，熟悉、认识对方，对方也得对他有好感。如果对方对他没好感，那就不如派不认识的人去。

人们常常将虚情假意的笑脸称为“商人的笑脸”，实际上公关人员的笑脸最具有商人的笑脸特色。因为公关人员的笑脸背后不是朋友、亲友的友谊，而是要和你谈一笔交易，这笔交易谈下来的最后结果，是公关人员尽其全力从你身上拿走了他能够拿走的最大的利益。所以一般人对销售人员或公关人员都是抱持一种警惕心理的。

老板同顾客不同。对顾客来说，推销人员是从他们手里拿走利益；对老板来说，推销人员是给公司带回利益。要让公关人员给公司带回更大的利益，老板就应爱惜你的公关人员。很多大企业是由当过推销员的人领导的。索尼公司的盛田昭夫是推销员出身，欧姆龙的立石一真先生自己亲自骑着自行车推销过他自己发明的裤线生成器，微软公司总裁比尔·盖茨在起家时自己推销过计算机软件。

事实上，企业公关人员至少具有以下几点优势：

1．公关人员了解市场情况。他们知道消费者需要什么，自己的产品或服务对消费者来说有什么优点和不足。

2．公关人员了解竞争对手的心理。由于长期和竞争对手打交道，对竞争对手的习性他们有一定的了解。

3. 他们对市场可能发生的变动更敏感。

纯粹的公关人员，尤其是推销人员，在社会上是不怎么受欢迎的，因为他们总是千方百计引诱别人购买自己的产品。对私营公司老板来说，爱惜自己的推销人员，那就意味着他们将会更为卖力地为公司去办事。

如何鉴别决策人才

决策人才，又可称之为“智囊”人才。现代科学研究，往往需要一批决策人才，进行研究，这些人称之为决策研究者。在政府各部门中，机关人员属于这类性质的人才。

一般认为，决策人才应该具备以下条件：

（1）知识广博，善于分析问题。

（2）具有较高的独创性，有一定政策水平。

（3）尊重科学，尊重事实，能独立思考，掌握一套科学的现代研究方法。

（4）有较好的文字、口头表达能力，敢于向权威提出挑战。

（5）习惯于寻找事物的各种原因。

（6）精细地观察事物，能从他人的谈话中发现问题。

（7）从事创造性工作时废寝忘食。

（8）能发现问题和发现与问题相关的各种关系。

（9）除了日常基本生活，平时都在探究学问，持有好奇心。

（10）持有自己独特的实验方法和发现方法，有所发现时精神异常兴奋。

（11）能预测结果，并正确地验准这一结果，从不气馁。

（12）经常思考事物的新答案，新结果。

（13）具有敏锐的观察能力和提出问题的能力，在学习上有自己关心的研究课题，除了一种方法外，能从多方面来探索它的可能性。

（14）能不断产生新的设想，在娱乐闲暇时也能产生新的设想。

企业需要既专业又精明的人才

古代时郑国京城郊区有个人去学习做斗笠，三年学成之后恰遇大旱，斗笠没有派上用场。他便放弃做斗笠而去学习做提水的桔槔。三年手艺学成却又出现了大雨，桔槔没有用途，便重操旧业做斗笠。不久，盗贼蜂起，百姓都改穿军服很少用斗笠了，他又要学着做军事用品，但是他已经老了，终于一事无成。这个故事说明一个人创业要有预见性，企业亦是如此。而要掌握这一点，企业就必须有既懂技术又善管理的精明人士。

现代企业管理的趋势越来越倾向于专业化和规模化，技术和经营这两种素质已变得越来越重要了。不少企业面对这一挑战，已开始陆续招收高素质的技术人才和经营人才。例如，在公司组织和管理方面，微软始终遵循着这样一项策略，即坚持挑选那些既懂专业技术又懂经营之道的精明人士担任领导职位。我们可以把这项策略归结为四大原则：

（1）聘请一位对技术和经营管理都有极深造诣的总裁。

（2）围绕产品市场，超越经营职能，灵活地组织和管理。

（3）尽可能任用最具头脑的经理人员——既懂技术又善经营。

（4）聘用对专业技术和经营管理都有较深了解的一流职员。

从理论上来说，这些原则并非微软独家所创，但从实践来看，它们对整个计算机行业有着深远的影响。很少有公司能够拥有像比尔·盖茨这样既精通专业技术又知道如何把它们转化为数百亿美元资产的总裁。事实上，许多公司在采用与微软类似的管理方法，即围绕产品市场，超越经营职能进行组织和管理。但是，他们往往不能同时维持一个强大的产品市场和一系列领先的核心技术。作为一个处于迅速发展的主导行业中的公司，微软在加强组织管理以适应不断变化的市场方面做得颇为出色，有时甚至可以领导市场潮流。它逐步建立起来的技术力量已经能够满足巨大且日益增加的市场产品系列的需要。

择才要以德为先

无才有德者本质好，虽不能委以重任，但仍有其可用之处，这种人勤恳、诚实，能够知恩必报，尽心尽力，任劳任怨。而多才缺德的人本质坏，犹如传染病，不仅使自己烂掉，而且会使周围的人也烂掉。对于拥有后一种的人，在没有驾驭这种人的把握的情况下，还是避而远之为好。

任先生的公司来了两位女士，一位黄某，一位董某。黄某性格内向，沉默寡言，给人一种木讷的感觉。而董某，美貌出众，活泼可爱，让人看上去就觉得她才华横溢。

通过两个月的工作实践，董某初绽头角，以出色的公关才能，给单位带来不少利润。于是她得到同事的羡慕以及老板的赏识。老板多次在会上表扬她，并在第二季度给她颁发了头等奖。可是慢慢地，她原来的德性就开始暴露出来。她目空一切，自高自大，说东道西，挑拨离间，无事生非，有些同事在她的挑拨下反目为仇，也有些年轻的男同事在她的挑唆下，争风吃醋，大打出手。好端端的单位变得乱如一团麻。还有一位青年因董某对恋爱的一些错误观念而对爱情丧失信心，心灰意冷地离家出走。老板对这些事非常重视，经过详细调查，终于弄明白是董某一手造成的。于是公司开大会，会上点名批评了她。董某不思悔改，两个月后，她煽动老乡合伙贪污公款，公司经理对她彻底绝望，断然把她开除。

同来的黄某虽没有董某的公关才能，但她勤恳老实，任劳任怨，在同事中享有较高的威信。部门主管把她安排在办公室内做勤杂工，她不但把自己的本职工作干得很好，而且还经常帮助有困难的同事，单位人员提起黄某的为人，无不伸出拇指大加赞赏。后来老板认为她大公无私，坦诚可靠，就把她提升为中层。她上任后，把工作干得井井有条。

所以，用人时首看其德，后观其才。否则纵有精明头脑，超人才能，也是不能委以重任的。

但丁说过："道德常常能填补智慧的缺陷，而智慧永远填补不了道德的缺陷。"这句话非常有力地揭示出了"才与德"两者之间的不可替代性，也可以作为领导选取人才时的一个警示。

一般人都有这样一个发现：有才学的人都比较高傲、偏激，领导们不要被一些表面现象模糊了双眼，让"千里马"从身边奔脱而去。我们先看一看美国时装大王是如何发现人才的。

斯瓦兹15岁起做工，后来成为一家服装公司的伙计。19岁时，他声称要辞职自费开店，老板斯特拉登以为他在说谎，其实他从做工起开始储蓄，这时已有3000美元，随后便与人合办了服装厂。

他感到，总是做和别人一样的衣服没出路，必须有个好的设计师，能设计出别人没有的新产品，才能在服装业出人头地。他为此终日无心茶饭，精神恍惚。

一天，他到一家零售店推销成衣，30岁的老板杜敏夫看了一眼他的衣服说："你的公司没有设计师。"一下子勾起了他的心病。

杜敏夫从店里请出一位身穿蓝色服装的少妇，并说："她这件衣服比你们的衣服怎么样？"

"好看多了。"期瓦兹不禁脱口赞道。

"这是我特地为我太太设计的。"杜敏夫骄傲地说："别看我只开这么一个小店，也没把你们这些大老板放在眼里。你们除了固执、偏狭之外，有几个懂得设计？连点美的细胞都没有！”

对这种近乎侮辱的话，斯瓦兹毫不在意，仍然笑容可掬地问：“你何不找一家大公司一展所长呢？”

没想到杜敏夫发泄道：“我就是死，也不再去给别人当伙计了！我在三家公司干过，明明是他们不懂，偏偏说我固执。我伤透心了，他们懂个屁！”

斯瓦兹感到，这样倔强自信的人，往往是才能很高的人，于是决心争取让他做公司的设计师，但被他断然拒绝了。

斯瓦兹找到了一贯支持和帮助他的老板斯特拉登，了解那位名叫杜敏夫的人。

“你的眼光不错，他的确怀才不遇。”老板说：“要是我再年轻10年，这个人就轮不到你了！”

“为什么那些大公司不招聘他？”

“要知道，如果是经理人才，因他本身有实权，只要他真有一套，别人根本排挤不了他；而设计人员就不同了，全看他们的才能是否被主管欣赏，看主管是否有魄力。杜敏夫这个人脾气很坏，不好相处。”

“只要他真有本事，脾气我倒不在乎。”

“他指着你的鼻子骂大街，你也不在乎吗？”

“只要他不是无理取闹。”

斯特拉登频频点头：“只要你有这种精神，将来前途不可限量。杜敏夫是个人才，只要你会用他，也许会有惊人的表现。”他继续说：“你可知道有些大公司逐渐衰微，有些小公司却迅速成长的原因吗？全在用人观念。如果老抱着‘我有钱还怕请不到人’的心理，有时一辈子也得不到一个真正的人才，因为那种人是不肯为一点薪水而唯唯诺诺的，要请到他们，你必须礼贤下士，亲自登门拜访，并动之以情，晓之以理，久而久之，他们会被说服的，这个道理你懂吗？”

这番话促使斯瓦兹下定决心求取这位傲慢的杜敏夫，杜敏夫被斯瓦兹的真诚感动了，出任斯瓦兹的设计师。在他的建议下，斯瓦兹首先采用人造丝做衣料，一步领先，出尽风头。

那么，该如何识别经营人才呢？国外一家公司主管介绍他所在公司挑选人才的经验时，曾说道：“多年来，我们聘用过各种各样的人才，有工商管理硕士，有律师，有会计师，有退役的运动员，还有一些从其他公司跳槽的员工。有些人做的是与自己的专业对口的工作，有些人做的工作却是他们从未预料到的。”

他的人才挑选经验教训是：

1．当心熟面孔。“如果在聘用员工方面有什么教训的话，那就是要当心熟面孔。千万不要仅仅因为某人在你们的行业里卓有声誉就去聘用他，最后你可能会感到他熟悉的是自己的行当，而不是你的业务。我们公司在与1986年奥运会滑雪三项金牌获得者克洛德·凯里签订合约后，一开始我们打算找一个滑雪的经纪人来处理有关凯里的业务，为的是他们之间有共同的语言。但是很快我们就认识到并不一定非得由一个懂得滑雪的人来向赞助人和有关公司推销凯里，我们所需要的是知道如何推销名人的推销员。这种情形就像你如果要推销一种新牌肥皂，是聘请发明肥皂的化学家来推销呢，还是聘请一个神通广大的推销专家？”

2．考虑客户的需要。“另外，对我们公司来说在聘用员工时还要考虑客户的想法。我们曾经聘请过一个高尔夫球手在公司的高尔夫部门工作，很快我们就明白了，你很难将一个人从巡回比赛的旅途中拉出来，绑到办公桌后面，并且指望其他的高尔夫球员们接受他、承认他是管理自己的事业与收入的专家。客户们会不可避免地说，‘他不过是一个高尔夫球员，他懂什么？’在雇一个退役职业足球运动员来管理公司的团体运动部时也遇到了同样的问题。足球运动员们并不需要一个懂足球的人，他们所需要的是一个在签订合同及管理金钱方面有丰富经验的人。这一类的问题可能是我们这个行业所有的问题。”

坚持宁缺毋滥的原则

宁缺毋滥要求领导者在选人时要选用精兵良将，不多用一人，也不闲置一人，使人员保持相对稳定，不闲则已，闲则必责。如果在当时没有找到合适的人选，宁可让职位空缺，也不滥竽充数。

1. 职位宁缺毋滥

用人之多少，应根据工作需要而定。在确保工作质量的情况下，再合理安排职位和人数，然后根据一人一职的原则任用人员，既不可备位，也不可备人，更不能在找不到合格人选的情况下随便以人顶替。否则，就会影响整体效率和质量。

2. 任之以专

一个人能力再高，在短时期内都是难做出重大成绩的，人才聪明才智的发挥需要一定的时间，因此其能力和功绩需在较长时间内才能体现出来。领导者在用人时一定不能急功近利，急于求成；经常更换人员，这样做会适得其反，离自己所要求的目标越来越远。正确的做法应该是一旦确定了人选，就给予其充足的时间，让其潜心研究，放手去干，反而容易做出显著成绩。举个例子，美国科学家的科研水平是世界第一流的，但如果美国政府要求他们在短期内将人类送上月球并在上边正常生活显然是不可能的。如果美国政府因此将科学家们撤职查办，那岂不成了天大的笑话。再如一家企业历年来亏损负债上亿元，企业领导任命一名新总经理，令其一年半载扭亏为盈，否则就再次换人，这能证明的仅仅是该领导水平低下，不懂任人以专的基本常识，而丝毫不能证明新任总经理能力低下。可见，任人以专的效果明显地比经常更换好。

法国经济学家亨利·法约尔对人员的任期问题有一段深刻的解释。他说，人员任期稳定是一个均衡问题。雇员适应新的工作和很好地完成工作任务都需要时间，即使是假设他有相应的能力。如果在他已经适应工作或在适应之前又被调离，那么他将没有时间提供良好的服务。如果这种情况无休止地重复下去，那么工作就永远无法圆满完成。因此，人们常常发现，一个能力一般但留下来的管理人员比一个刚来就是杰出的管理人更受欢迎。这段话虽然是针对企业而发的，但同样适用于其他组织和机构。它深刻地告诉领导者们任之以专的重要意义。

当然，任之以专并不是任期越长越好，它并不排斥工作人员的正常变动，只是强调要给人以充分展示才华和成绩的时间，同时保持人员的相对稳定，以利于事业的发展。

要注意用人的忠诚

没有一个领导者喜欢对自己当面一套、背后一套、阳奉阴违、两面三刀的部下。一些领导者把对自己是否忠诚当成部下“德”的体现。他们认为忠诚老实是部下的第一品德，一切坏事，都是从不忠诚老实开始的。

但是，千万不能把部下品德中的忠诚老实和对领导者个人的忠诚老实混为一谈。

有一个被免了职的领导感叹：“想当初我在位时，部下们个个笑脸相迎、笑脸相送，可如今，人人都不理我，个个都是没良心的，没有一个忠诚老实的。更有一些朝夕相处的‘亲信’，反而‘落井下石’地揭发我。”从这番话可以看出，这位领导者对领导与被领导的关系，对所谓“忠诚老实”的认识水平实在是太低了。你当领导时，浑浑噩噩，颐指气使，哪个有真才实学、品行正派的人愿意当你的部下呢？既然运气不好，当了你的部下，你听不得半句不同意见，动辄大帽子扣，小鞋子挤，又有谁敢跟你提意见呢？这位领导者被免职，正是由于多年听不到不顺耳的话，看不到对他不笑的脸，致使决策经常出错，严重地挫伤了部下，特别是品行正派、才能出众的部下的自尊心。因此，部下不得不对他不“忠诚老实”，而对上级组织“忠诚老实”，这反映了他的无能与寡德。他有什么资格责怪部下不忠诚老实呢？

但是，把有才能的人看成不好使唤。把缺乏才能的人看成可靠的人，其实是对部下、人才的误识。历史上，有许多才华横溢的贤才，都是以忠诚为内在素质的，如伊尹、周公、姜尚、萧何、诸葛亮、岳飞等。

而治国无能，表面奴性十足，似乎忠诚可靠的人，如齐桓公手下的易牙、竖刁、开方，秦二世身边的赵高，宋高宗时的秦桧，乾隆后期的和珅等，却都是祸国殃民奸险之徒。

无论哪个领导，可能都需要使用对自己百依百顺，说奉承话的人。如果你是一个上司，那么就要注意了，用人重要的是要用他的才能而不是他的谄媚。

任人唯亲不可取

古今中外，任人唯亲招致失败的事不胜枚举，当然任人唯贤的案例也有不少。

北宋初年名相李昉任相，凡是前来套近乎，求举荐的，即便其才可取，也必正色拒绝，然后按正常程序推荐提拔。子弟们问其故，李昉说：“用贤，人主之事；若受其请，是市私恩也，故峻绝之。”陈执中任相，女婿向他谋求官职，陈执中一口回绝说：“官职是国家的，非卧房笼箧之物，婿安得有之？”

北宋末年，蔡京等人权倾一时，他们大量培植党羽，纷纷荐举自己的亲属、门人。有人在弹劾蔡京时说：“内而执政侍从，外而师臣监司，无非其门人亲戚。”而“门人亲戚”绝大多数都是些只会溜须拍马的无能之辈，结果金人挥师南下之时，满朝大臣面面相觑、束手无策，金军陷燕京、破太原、围开封，文臣武将望风而逃，金军如入无人之境，轻轻松松就灭掉了北宋。

现如今，还有类似的案例。

“王安电脑公司”在企业发展的关键时刻，创始人王安没有选择公认的最佳人选来做接班人，却任命其缺乏管理能力的儿子王列为公司的总裁，可是在1986年王列接手公司后，公司一年之中竟亏损4.24亿美元，在这之后公司的状况每况愈下，不得不于1992年申请破产。

相反，在联想的制度里，就有一条规定——领导的子女不能进公司。柳传志有自己的考虑，他担心如果员工的子女们进入了公司，再相互结婚，互相联合起来，形成各种各样的利益集团和小团体，将来想管也管不了了，可能会导致公司的土崩瓦解。正是柳传志的这种以身作则，联想公司的其他导入都以他为榜样，将亲人拒之门外，保证联想的人才选拔和职员晋升免受“亲属”的干扰。

美国著名管理学家彼得·德鲁克，曾对众所诟病的家族企业进行了研究，得出了如下结论：一般企业与家族企业在企业所有功能性工作方面没有任何不同，但在管理方面，家族企业却应该严格遵守独特严格的原则：

一是家族成员一般不宜在本企业工作；

二是非家族专业人士身居要职；

三是非家族企业成员出任高级职位；

四是让“外人”享有“主人感”；

五是纠纷时，找好仲裁者。

管理者应该好好吸取教训，在选拔领导和分配任务的时候，应该唯才是举，任人唯贤。

庸俗者不可重用

“庸俗者勿用”是历代兵家、思想家与政治家的一贯主张。曾国藩在用人中也十分注意这一点，他强调用人要用德才兼备者，对不服从领导，不听从指挥的人，即思想上、政治上不合格的人，坚决不用，因为只有一心为公的人才能有一分才就尽一分用。古往今来，“小人误国，小人误事”，这样的例子不胜枚举，曾有不少商家因用错了人而遭到失败，他们或者被手下人出卖商业机密，或在紧要关头被背叛，或者被背后砍一刀，等等。

正因为如此，曾国藩在选用人才时，曾一再强调：庸俗者不用。而且古人曾说，“非知人不能善其任，非善任不能谓之知”。这就是说，不了解人，不识人就不能很好地使用人。没有很好地使用人就是没有了解人，识别人。若不能识人，势必不能用人，进一步证明知人才能善任。所谓“知人”，就是考察、选准人才；所谓“善任”，就是正确地使用人。“知人”与“善任”之间是辩证的关系，“知人”是“善任”的前提和基础；“善任”是“知人”的延伸和深化。“苟能识之，何患无人？”这就说明了如果能识别人才，哪儿用得着担心没有人才呢？

但是，古往今来的圣明君主，又都无不感叹“知人不易”，为什么“知人不易”？因为“人心难测”。人心何以难测？心是指人的思想，思想是无形的，看不见，摸不着，它隐藏在人的脑海里；且思想又非固定的，是随着客观世界的变化而变化。所以，要摸透人的思想是不易的，故说人心是难测的。

照理说，思想指导人们的言行，人的思想必然在人体的言行中表现出来，也就是说人的思想和他的言行应该是一致的。可是，各人表现不同，有一致的，有不一致的。其人所想与其言行一致的，这种人易知；如果其人所想与他的言行不一致，或者他说的是一套，做的又是另一套，这种人就难知。

人们常说，知人难，知人心者更难。因为在现实生活中，有的人说的和心里想的不一样。嘴里说的不是心里想的；心里想的又不是嘴里所说的。历史上这样的例子是很多的。

汉光武帝刘秀知错庞萌便是这类典型例子之一。庞萌在刘秀面前表现得很恭敬、谨慎、谦虚、顺从，刘秀便认为庞萌是对己忠心耿耿的人，公开对人赞誉庞萌是“可以托六尺之孤，寄百里之命者”。其实，庞萌是个很有野心的人，他明向刘秀表忠，暗里伺机而动，当军权一到手，便勾结敌人，将跟他一起奉命攻击敌军的盖延兵团消灭了。最赏识的人叛变了自己，这对于刘秀是当头一棒，使他气得发疯，后来他虽将庞萌消灭了，但他由于知错人而遭到的巨大损失是无法弥补的。刘秀之失，失在静中看人，他被庞萌的假表忠所迷惑了，竟认为他是“忠贞死节”的“社稷之臣”。而来自敌营的庞萌归附刘秀不久，尚未有何贡献足以证明他的忠心，刘秀竟对他如此信任，是毫无根据的。

刘秀是个深谋远虑的人，他推诚待人，知人善用，不少人因他赏识而成为东汉一代英才。但智者千虑，必有一失。当他被表面现象所迷惑时，也就必然犯了以静止看人的错误。

古人云，事之至难，莫如知人。辨人才最为难，盖事有似是而非者，如刚直开朗似刻薄，柔媚宽软似忠厚，廉价有节似偏隘，言讷识明似无能，辨博无实者似有材，迟钝无学者似渊深，攻忤谤讪者似端直，掩恶扬善者似阿比。一一较之，似是而非，似非而是，人才优劣真伪，每混淆莫之能辨也。这就是说，世上最难的事没有比识人更难了。辨别人才为什么是最为困难的事情呢？这是因为事物有似是而非的，刚直开朗貌似刻薄；柔媚宽软貌似忠厚；表面看上去十分廉洁而实际并非如此；口出狂言能言明识明，而实际上却是无能之辈；海阔天空，天南海北地胡侃一通，表面看来似博学而实际上是空话连篇无真才实学；反应迟钝没有实际学问却似知识渊博；攻击诽谤别人的人却看似正派正直；掩饰其恶的一面而将善的一面大肆宣扬者，看上去好似刚正不阿的人；将这些一个一个地加以对照比较，就不难发现都存在似是而非，似非而是的现象，人才的优秀良才与劣等的人才，真才实学的人才与滥竽充数的冒牌货，这每一个方面，每一个环节，都混在一起，实在难以真正地区分、识别得一清二楚。说像是的而又不是的，像不是的而又是的，人才的优秀与低下，真与假，混淆在一起时，真是难以辨别了。

尤其是在无名的人中发现贤才，在拉车的骡马中间相出骏马，在深渊里捡出含珠大蚌，在石头堆里找出藏光的珍宝，这是何等的不易啊！这就进一步说明了识良莠之难了。

CHAPTER 05

第五章

让每个员工都人尽其才

鸿雁冲天，全凭羽翼为资；事业发展，全靠人才辅佐。作为管理者，首要任务就是选用合适的人。

在用人方面，用其所长，忽略其短，人才互补，才能组建自己最得力的团队。另外，还要大胆提升那些具备领导能力的员工。

总之，让每一位员工都有发展的空间，是员工最希望的，也是管理者用人有方的表现。

目标管理指引员工前进

目标管理（MBO）是以最终目标为导向，来协调各种资源的有效利用的一种管理活动。它以目标的设置和分解、实施及完成情况的检查、奖罚为手段，通过员工的自我管理来实现企业经营目的的一种管理方法。

目标管理被誉为“管理中的管理”，是美国管理专家彼得·德鲁克提出来的。德鲁克在《管理的实践》中最先提出目标管理这个概念，他认为：并不是有了工作才有目标，而是有了目标才能确定每个人的工作，所以“企业的使命和任务，必须转化为目标”，如果一个领域没有目标，这个领域的工作必然被忽视。

对于目标管理，德鲁克提醒领导：目标并非命令，而是承诺。这种让员工参与进来的“我要做”而非“要我做”的目标，就是员工庄严的“承诺”。

目标管理并不局限于年度销售目标，在生产管理、现场管理、售后管理等环节，都可以实施。在制定目标时，管理者必须遵守SMART原则。

1. S（Specific，明确具体的）

要用明确具体的语言，清楚描述所要达成的行为标准。例如“提升客户满意度”，这种对目标的描述就不明确具体。因为提升客户满意度有许多具体方法，例如，减少客户投诉，提升服务的速度，使用规范礼貌的用语，采用规范的服务流程，等等。

2. M（Measurable，可衡量的）

目标管理一定要是一个可以衡量的目标，否则容易造成目标达成与否的分歧。这要求尽量用数据来说话，例如，将客户投诉从2%减少到1.5%，在30天内给客户审片小样。对于那些不能量化的目标，可以实行标准化、流程化。例如，使用规范礼貌的用语，接电话时第一句怎么说，挂电话前说什么，都可以标准化、流程化。而对于那些既不能量化，又无法标准化、流程化的目标，可以考虑将目标质化，即从数量、质量、成本、时间、上级（或客户的满意度）这五个方面来进行综合考核。

3. A（Achievable，可达成的）

不可能达成或者极难达成的目标，激不起团队成员的斗志。有些“专家”鼓励制定高难度目标，认为“取乎其上，得乎其中；取乎其中，得乎其下；取乎其下，则无所得矣”。实则大谬。目标必须是自己所期待的或对自己有挑战的。人愿意为摘到桃子而练习跳高，但绝不会为了摘星星而练习跳高。目标管理不是梦想宣言，梦想是“仰望星空”，目标需“脚踏实地”。你可梦想当比尔·盖茨，但不能将年度销售目标从500万一下子提高到500亿。如何判断目标是否“可达成”，这就要求坚持员工参与，上下左右沟通，使拟定的工作目标在组织及个人之间达成一致。

4. R（Relevant，与目标相关的）

目标的设定，要和公司整体目标以及个人岗位职责存在密切关系。目标不宜多，你需要保证每一个目标都是紧紧围绕公司发展这个大目标。一些关联度不大的目标，没必要花精力去实现。因为即使实现了，可能也没有多大意义。

5. T（Time-bound，有达成期限的）

没有达成期限的目标没有办法考核，或带来考核的不公。“在2020年6月30日之前完成某事……”中的6月30就是一个确定的时间限制。有些目标时间跨度大，那么就还需要分拆出小目标，定期检查小目标，通过小目标的如期推进来保证大目标的实现。

优秀管理者用人所长

识人的目的是用人。可是人各有所长，亦各有所短，应该怎样使用他们呢？

清朝一名姓顾的人士曾写过一首诗：“骏马能历险，犁田不如牛。坚车能载重，渡河不如舟。舍长以就短，智高难为谋。生材贵适用，慎勿多苛求。”在这里，他借诗说明：人各有所长，用人贵在择人任事，使天资、秉性和特长不同的人在不同的岗位上各得其所。企业的用人之道也在于知人善任、用人之长。

如何才能实现用人之长呢？

1. 了解员工的长处

既然要用人所长就要先了解和掌握员工有什么长处，这样才能将其安排到合适的岗位上工作。了解员工的长处有时需要一段时间，因为他们的优势也许不会在短时间内表现出来。因此，管理者们千万不要盯着员工不擅长的地方或者所犯的某些过失，不要以短掩长。

唐代柳宗元曾讲过这样一件事：

一位工匠出身的人，连自己的床坏了都不会修，足见他锛凿斧锯的技能是很差的，可他却自称能造房。柳宗元对此将信将疑。

后来，柳宗元在一个大的建筑工地上又看到了这位工匠，才相信了工匠的能力。原来这位工匠具有指挥能力，他虽然不会什么木匠、瓦工之类的技艺，可是他会发号施令，指挥众多的工匠先做什么、后做什么，共同配合起来应该做什么。

结果，众工匠在他的指挥下有条不紊、秩序井然地使房屋定期完工了。

这件事令柳宗元大为惊叹。如果按照一个匠人的标准来要求他，他的确是不合格的，而弃之不用无疑是埋没了一位出色的工程组织者。

从这个故事我们可以悟出一个道理：发现人的长处，用人所长是多么重要。如果简单的工作任务由能力高的人去做就是大材小用，从资源利用角度看就是对人力资源的一种浪费。

其实，任何人有其长必有其短，若先看一个人的短处就匆忙下结论，这种识才的方式是非常武断的，那样长处和优势就容易被掩盖。因此，当下属暂时还没有表现出他们的优势时，千万不要认为他们没有什么优势，也许就是放错了位置，使他们的优势无法表现罢了。

2. 安置合理的岗位

有些管理者在任用员工的过程中只看到短处，没看到长处，因此总是抱怨自己找不到合适的人才。造成这种情况也许是因为他们用同一种标准衡量人才。

俗话说，“尺有所短，寸有所长”，每个人的特长和优势都是不一样的。用人不能首先看他的缺点，应该把注意力集中在一个人的优点上，首先看他能胜任什么工作。这样做才是知人善用。

例如，有些下属善于钻研不善于交谈，他们不会主动与人交谈，别人问一句答一句。他们不喜欢热闹地方，而爱清静自处，生活欲望也比较淡泊。如果让他们从事公关或者外联一类的工作，他们的确不称职，可是如果让他们在自己感兴趣的领域去钻研，也许就会成为某一领域的专家。因为他们适合搞研究类的工作。

还有一类下属，做事循规蹈矩，缺乏主见和判断力，不敢越雷池一步。如果让他们发明创新显然不适合。可是他们遵守纪律和规章制度，不容易脱轨，这就是他们的优点。如果让他们从事保管类工作也会很称职的。

人的干劲和潜能是无限的，只要环境条件适宜，他们的才能自然会生根发芽，开花结果。因此，要为他们配置合理的岗位，让他们的才能早一天破土而出。

3. 科学地用人之长

科学地用人之长就是要通过一套系统科学的方法，比如对人的性格、智力、情商、气质、能力等方面的测试，实现人的能力与工作任务的合理匹配。简单的工作由能力较低的人去做，复杂的工作由能力高的人去做，并且通过对能力较低的人不断地培养，在其能力得到提升后可以分配其去做复杂的工作。这种方法正在被越来越多的企业所接受。

用人之长是一件对员工个人、管理者和企业都有利的事情。对员工来说，能够发挥自己的特长有利于树立工作信心，也有利于自身能力的不断改善和提高；对管理者来说，准确发现和发挥员工的长处有利于管理水平的提升。这不仅是管理者组织能力的表现，也是其高瞻远瞩、决胜未来的品质和胸怀的表现。

突破各种条条框框

有些管理者在用人的过程中过于死板，严格遵守一些规章制度，不敢越雷池一步。明知道有些员工能力突出，可是因为他们不符合选拔的“标准”，或者有这样那样的缺陷不敢大胆启用。这样做也会给企业造成一定的损失。

现在企业之间的竞争就是人才的竞争。不能重用人才，失去不可多得的人才，就会贻误企业的发展。因此，在用人上总是论资排辈的管理者应该转变自己的观念。

在这方面，电视连续剧《乔家大院》中乔致庸的人力资源管理思想，对现代企业的人力资源管理有着借鉴意义。

乔致庸用人就是不拘一格。他没有先按硬性条件，比如学历、工作经验等来用人，也没有按照出身、资历等用人，而是不拘一格地选用人才。

他聘请的高参是一个赶着毛驴卖花生米的外姓落魄秀才孙茂才。这让人看来似乎不可思议——一个落魄秀才能有多大本事？如果有本事至于这么落魄吗？可是，乔致庸没有这样看，他认为孙茂才腹有诗书，见识不一般，因此在很多时候都听这个“怪人”的逆耳忠言。结果证明，乔致庸前期的成功在很大程度上归功于足智多谋、深谋远虑的孙茂才。

乔致庸最经典的行动当数他能够大胆地将一个底层员工——“臭跑街的”马荀破格提拔为包头复盛公商号的“大掌柜”。

包头复盛公是乔致庸的爷爷当年一手创办的企业，但是乔致庸没有从山西老家叫来乔家的人来经营，而是直接从最基层破格提拔了一个优秀业务员马荀。马荀几乎是个文盲，连自己的名字都写不好，而且马荀在乔致广当家时代，就是一个打杂的，但乔致庸看重的是他的德和才。首先他对于商号、对于老板无比忠诚；再者，他有远大志向，一字不识的马荀却能描绘战略构想。这些在别人看来是异想天开甚至荒唐可笑的，可是，乔致庸从中却看到了他非同一般的志向。

当时，包头各商号欺蒙客商，任用私人，破坏了商号的形象。因此，乔致庸才决定大刀阔斧地对此进行人事变更。他打破常规，把马荀直接从伙计“提拔”成了大掌柜。这次的破格提拔即便放到今天也仍然有着惊人的胆略和气魄。

乔致庸另一个创举就是制定新店规，允许伙计顶身股。这个行为破了伙计十几年都不能顶股的规矩。对于没有身股的员工来说具有极大的吸引力和诱惑力。

正是因为乔致庸敢于不拘一格，大胆使用人才。本来濒临破产边缘的乔家商号死而复生。经过乔致庸的励精图治终于让商号转危为安。

在企业中，有些员工尽管有着这样那样明显的优点，可是他们的缺点也十分突出。比如，今天刚表扬他有创意，明天就可能成为迟到早退的“典型”。对于这些大错不犯、小错不断的员工应该怎样看待呢？

如果对人太苛刻，千方百计挑毛病，就无法找到适合的人才，最终只能是水中捞月一场空。

用人多数是要用别人的长处为自己服务。既然要用对方的长处，那么在其他方面就不能太求全责备了。至于一些小节问题，可以提醒他们加以注意，同时用严格的纪律来约束他们。一旦触犯纪律也可以惩罚他们。这样做也是为了帮助他们成长。

总之，在人才的选择中，要从改革开放和市场经济的需要出发，考察员工的德和才，按照公平的原则，破除部门界限，破除论资排辈的思想，树立不唯年龄看本领，不唯文凭看水平，不唯资历看能力的观念，把那些德才兼备的合格人才大胆选拔到领导岗位上来。对于那些德才兼备的人才要长久地用，全面地用，全心全意地用；有能无德的可以只用一个方面，或者短时间用，适当地用。这样才能促进人才合理流动，形成人尽其才、才尽其用的可喜局面，同时也可以保证企业的利益不受损失。

不必事必躬亲

美国管理协会前任会长罗仑斯·阿普里是这样给“管理”下定义的：“管理是通过他人将事情办妥。”可是，许多领导却常常试图自己去把事办好，这是一种不明智的行为。根据“重要的少数与琐碎的多数原理”可知，管理者日常只处理少数事情，而将其余琐碎的多数事情，交给下属处理。若事无巨细皆亲力亲为，则不但琐碎的多数事情将占用他的许多时间，致使少数的重要事情没有做好，而且还会剥夺下属发挥才能的机会。所以，“事必躬亲”就成为管理者的一个严重的时间陷阱。跨越这种陷阱的唯一途径便是

“授权”。

下面为你准备了20道题目，请据实回答，以此判断你做事的倾向。

（1）当你不在场时，你的下属是否会继续进行常规工作？

（2）你是否感到一般工作占用太多时间，以致无法腾出时间作下一步的工作规划？

（3）遇到紧急事件，你掌管的部门是否会出现手足无措的现象？

（4）你是否常常为日常工作中的芝麻小事，及可能出现的麻烦而担心？

（5）你的下属是否经常要等到你的指示才着手工作？

（6）你的下属是否不愿意给你提供建议？

（7）你是否常常感觉工作无法按原定计划进行？

（8）你觉得下属是否只机械地执行你的命令，而欠缺工作热情？

（9）你是否常常需要将公事带回家中处理？

（10）你的工作时间是否经常超过你的下属的工作时间？

（11）你是否经常感到没时间进修、娱乐或休假？

（12）你是否常常被下属的“请示”所干扰？

（13）你是否因接听过多的电话而感到厌烦不已？

（14）你是否常常感到无法在自己制定的限期内完成工作？

（15）你是否认为一位获得高薪的管理者理应忙得团团转才算称职（才配得上高薪）？

（16）你是否不愿意让下属熟悉业务上的机密，以免他们取代你的职位？

（17）你是否觉得必须严格地领导下属的工作不可？

（18）你是否感到有必要安装第二部电话？

（19）你是否常常花费一些时间去料理本该是下属能办却没有办好的事情？

（20）对你来说，加班是不是一种家常便饭？

测验结果评鉴：

（1）假如你对以上20道题的答案都是“否”，则表明你已能做到授权的要求。

（2）假如你的答案中具有1～5个“是”，则表明你授权不足，但情况并不严重。

（3）假如你的答案中具有6～8个“是”，则表明你授权不足的程度非常严重。

（4）假如你的答案中具有9个以上的“是”，则表明你授权不足的程度极为严重，换句话说，你有可能是一位不折不扣的“事必躬亲者”。

用授权提升绩效

别揽权在身，要帮助员工重新获得他们自己的权威和力量，以对自己的工作生活做出适当的反应。这是领导技巧的极致表现。

“我的员工总是不肯负起责任去完成一些工作，哪怕是一些我认为当务之急的事情，请帮助我解决这个问题。”在一次企业管理研讨会上，一位中型企业的总经理如是说。其实，这不仅仅是困扰着一家或几家企业的难题。

长期以来，有很多企业的总经理都在各自的企业中扮演着“世界级救难者”的角色。他们或许这样认为：公司是我白手起家打拼出来的，公司的一切决策权当然由我掌握，员工能循规蹈矩就行了。于是，他们便总是在每件事情中间来回奔波，事必躬亲地去插手控制几乎每一件工作。但是公司的绩效却总是难有大幅度的提高，甚至有所下滑。这是什么原因呢?

于是聪明的管理者悟到：是到了该“授权”的时候了。他们开始制订制度，分派工作并追踪进度，但所有的决策过程依旧掌握在他们手里。于是，员工们在工作进程中不断地向他们咨询和请教每一个小细节，结果是他们花在这些上面的时间有增无减，授权工作最终未见成效。

怎样授权才是合理且行之有效的呢？

美国的大卫·麦克莱兰提出：“人有三种基本需求——成就需求、权力需求和归属需求。”这三种需求是紧密相连的。当员工走进你的公司后，他们在出色完成本职工作并获得公司付给他们的应得薪金，还有一些奖金和表彰。这样，职务薪金满足了他们的基本温饱需求，奖金和表彰又给予了他们一定的成就感。在这种成就感的驱使和激励下，他们渐渐进入了一个最佳的工作状态。需要提醒的是，这只是一种凡事听命于权威，而不愿去负担任何责任的工作状态。当这些扮演着“世界级救难者”角色的总经理们居高临下大包大揽地做出决策后，其结果如何呢？

无论他们做了什么，却总是不免出错。“这都是你们的错！”除了训斥，甚至准备解雇员工。于是员工们会说：“这些不都是你的决策吗？我们不过是听命行事而已，这有什么错？”

总经理们也许忘了，不论是在部门、车间或流水线里，他们都是各自领域的专家，这是不争的事实。他们知道怎样完美地去做完自己的工作，如果他们不具备这种技能的话，你是绝对不会雇佣他们并目从他的利润里拿出钱来为他们发薪水的。那么错的是谁呢？

难道是你吗？你比员工更加努力地工作着，几乎到了废寝忘食的地步。但在这里，我将不得不告诉你这个无情的事实：“正是由于你缺乏对员工的信任而揽权在身，使得他们只仅仅是为了维持生计而臣服在你的权威下，毫无创造激情地机械重复着每天的工作，永远地扮演着逃避责任者的角色。”

人在儿童时期就学会了如何做世界级的“逃避责任者”，他们会为逃避责任找一大堆借口：“我现在不能清理房间，因为我还有很多功课要做。”“这不是我的错，是因为……”借口多多，不胜枚举。

身为一位管理者，你的当务之急是鼓励员工们忘掉他们过去所学到的或已习惯的逃避责任的心态，帮助他们重新树立起“我应当担负责任”的模式，并将之转化为“我能有效而适当地对工作生活做出反应”的状态。此时，你的工作是为你的员工创造良好的工作环境，把自己从千头万绪的微观、具体的工作中解脱出来，站在宏观调控的角度去着力协调各单位之间的协作关系。

让你的员工分别在各自的领域中扮演权威者的角色，并使他们的收入也随授权而最大化地增长。这样，他们就会感觉到自己的能力与工作态度得到了公司的充分认可和倚重，并且会意识到原来自己的工作是公司运作的重要环节之一，于是一种极大的成就感油然而生。随之而来的是强烈的归属感：“这公司是属于我们自己的啊！我们还有什么理由不为它努力工作呢？”

至此，最佳的职业工作生活质量产生了。那么，授权就实现了吗？不，还没有，不要忽略了一个极其重要的环节，那就是：你要将授权对象的自我期许，通过有的放矢的培训，提升到足以鼓励他们会在今天出现非常的成就，继而在明天创造出优秀业绩的理想境地。

有这样一个故事，一位大公司的总裁到一家下属工厂召开现场改善办公会。在会上，总裁颇具民主作风地向现场的职工征询如何有效提升工作绩效的建议。一些员工提出：公司授予工厂主管的财务支配权太小，只有10万元的审批权，而一旦工厂里出现一些亟待解决但却超过主管财务支配权限的问题时，则需层层申报，当经过烦琐的组织程序将现金批下来时，已经延误了工作进度。他们罗列了一些例子来着重阐述，他们希望公司能就此问题做出改善。总裁听后当即宣布将工厂主管的审批权提高到100万元，此举顿时赢得了员工们的热烈欢迎与拥护。但是轮到工厂主管担心了：我能很好地运用这项权力吗？如果我支配错了10万元甚至100万元，这个责任我承担得起吗？也许会被处分甚至解雇。主管的忧虑并不是多余的，这里便涉及一个我们称之为“授权预期”的问题。显然，在你准备授予员工任何重要权力之前，对其进行有针对性的培训与适应性的锻炼是十分有必要的。所以，在你的公司里建立一个员工提升及授权预期的培训机构不失为明智的决定。

现在，你可以为你的员工授权了。那么，谁是执行这项工作的人谁就是该工作的负责人。他将承担这件事的一切责任。既然他是这项工作的专家，他就将扮演决策者的角色来决定如何能使这项工作日臻完美。在新的管理模式中，谁是实际执行者谁就拥有最大的权力。这样，你的授权完成了。

在充分授权后，你将扮演一个雁群首领的角色，并且十分有必要成立一个由包括市场、销售、财务、公关、人力资源、研发、质检等多部门的专家组成的松散型小组，以快速准确地分析处理来自企业内、外部的各类信息，据此及时做出方向性的决策，以指导各分权部门的具体工作。这个小组还有一项重要的职能，就是着力协调各部门关系，使其加强沟通，消除部门之间的鸿沟，促使各部门结成战略合作伙伴关系，通力合作使各部门的业绩取得最大化，最终达到提升公司整体绩效的目的。

指示下属只需八分

有些高管常犯指示过于详尽的毛病，他们明知道有些事情一定要交给下属办才行，但是却又不放心交给下属去办，因此，不知不觉中就会一再地交代：

“要按某某顺序做。这里要这样做，这点要特别注意……”

事实上，这些指示不说，下属也都非常清楚，可是上级却仍很仔细地一再指示各项事宜。

作这样详细指示的人，大部分是新创业的老板或新上任的领导，用人的经验很少，另外也有可能是从事专门职业或技术等的管理人员。

期望把工作做得非常完美，当然是一件很好的事，但是这样过于详尽的做法，反而会带给对方不愉快的感觉。这是什么原因呢？

受到详细指示的下属，开始时会认为，你不信任我，为什么还要把工作交给我？因而产生不满或不信赖。然而，因为不想表露出来，只好对你说：“知道了。”然后乖乖地按照指示行事，每天都重复不断地按照你的指示行事。

后来，他会发现按照指示工作，实在很轻松，最后，甚至变成有指示才会工作。出现这种态度之后，就会变得消极、被动，而且年轻人特有的热情和精力无法在工作中发挥，就会用在工作以外的事情上，慢慢地就对工作不再热心了。

下属过着不用脑筋思考的日子，最终导致他失去思考和判断的能力，这是非常严重的事。有些人到了一定年龄仍然没有任何能力，大部分都是如此造成的。所以，如果一个人放弃思考的机会，最后也将失去思考的能力。

非常详尽地给出指示，然后感叹别人工作态度消极的老板，就是不了解这是因自己的行为所造成的后果。因为，太多、太详细的指示，将造成难以弥补的憾事。

如果你认为应对下属做十分详尽的指示，那么你最好忍耐一下，只下八分的指示就好，其用意是要留下让对方思考的余地。不管对新进或资深员工，都要按对方的能力，而决定指示的程度。

选择自己的得力干将

在选人用人的过程中，大多数管理者内心都有一种强烈的愿望，那就是为自己选择一个合适的搭档以及得力的左膀右臂。如果能够找到那样的人，管理者的心情会十分愉快，工作也会感到轻松无比。

可是，要找到这样的人应该注意哪些方面，以什么为标准呢？选拔副手并没有一定的标准。但是可以遵循这样的原则：你需要什么样的副手？是富有创造性、天马行空、标新立异的，还是小心谨慎、听命于自己的？希望和自己互补、相得益彰，还是互相独立、并行不悖。

一般来说，管理者选拔副手都是为了更好地配合自己的工作。副手的性格爱好并不是主要的，毕竟他需要配合自己，听命于自己，副手的能力和处世风格才是最主要的。

如果下属中有人是通才型人才，即知识面广，基础深厚，有很强的综合判断能力，善于站在战略高度去深谋远虑，那么，这样的人无疑是做领导的人选，只是如果让他们当副手，配合自己，他们会甘心吗？他们的眼光可能在更高远的地方，即便当副手也是暂时的过渡。因此，在选择自己的助手时，要仔细考虑这些因素，双方相互认可才行。

还有一类人才是很适合当副手的。这类人就是补充型人才。该类人才又分为两种：一种是在性格和处世风格上与管理者互补；另一种是在能力上与管理者互补。他们甘愿当配角，做一些“救火”或者善后的工作。能发现并任用这样的人，就可以保持长期稳定的合作关系。

王总是某文化公司策划部的经理，不但口才好，而且文笔也令人称道，形象也很洒脱。可是，令人想不到的是，他的助手却其貌不扬、憨厚笃实，一看就不是那种精明能干的人。人们实在不明白，王总为什么选这样一个人，简直“太不般配”了。

在一次朋友间的闲聊中，有人禁不住好奇地问王总为什么不选一个才华能力超群的人做自己的助手。王总淡淡一笑，说：“那样的人才固然好。可是，他们多不安分，总是这山望着那山高。既然一流人才不好留，我干脆就选用那些踏实肯干的中等人才，这样有利于公司的稳定和发展。”

原来如此。虽然王总说的未必全有道理，但是也从另一个角度揭示了管理者选择副手时的多重考虑。

励志类的书籍上常见的一句话是“适合的就是最好的”，选择副手也需要认清自己的条件，认清自己所领导部门的条件，选择那些适合自己的，心甘情愿配合自己的。

一般来说，管理者选拔人才还要考察对方的品行，比如，诚实守信、言出必行等。这样的人才让人感到踏实放心，可以托付重任。这一点很重要。

赵国的大夫赵简子曾为选择自己的接班人大伤脑筋。他有两个儿子，不知应该选择哪一个做自己的继承人。

他想来想去，决定对他们两个暗中考核。他把两个儿子召到自己的面前，拿出两块竹简说：“这是我平时对你们的教诲，你们千万要牢记在心！”

“多谢父亲，我们一定牢记在心！”两个儿子说。

转眼几年过去，一天，赵简子问两个儿子：“三年前我要你们记牢竹简上的内容，今天要考考你们了。”

大儿子听到后有些惊慌。他以为父亲早就忘记这件事了，没想到父亲居然还记着考他们，于是低着头小声说：“我实在记不住了。”

“竹简呢？”赵简子又大声问道。

“我……我一时想不起放在哪里了。”大儿子不敢隐瞒，如实说了。

赵简子又问小儿子：“你呢，也是这样吗？”

没想到小儿子把竹简上的内容一字不漏地背给父亲听。赵简子听后点点头说：“喔，你的记性还好，竹简呢？”

“孩儿随身带着，不敢片刻懈怠。”小儿子说着从衣袖中拿出那块竹简。

赵简子没说什么，但他已经决定立小儿子为自己的继承人了。

当然，选择德才兼备的助手才是最优策略。即便不能二者兼得，也不可重才轻德。因为他们是自己的助手而非提拔任用普通员工，因此，德行一定要令人称道才可托付重任。否则有能无德只能任用一时，而且自己要确保有能力驾驭他才行。

人才互补，搭配用人

在当前的企业中，较为普遍采用的是这样一种人才搭配模式：一部分是具有丰富的知识、充沛的精力和强烈的进取心，但缺少经验的大学毕业生；一部分是受过良好的教育，知识面广泛，接受新事物能力强，有一定工作经验的青年；一部分是具有一定经验，工作上比较稳重，可是瞻前顾后，工作热情及信心显然不如年轻人的中年人。

在这样的团队中，管理者们是这样做的，放手使用第二类人，调动他们的积极性，充分发挥他们的聪明才智；让第三类人对大学生进行传帮带，解决企业内部人才断层的现象，不仅节省了培养人才的大笔费用，而且促使他们更快地成长为第二类人。他们的用人之道就是“人尽其才”，让每一个员工都发挥作用。虽然他们不一定是最好的员工，但这样搭配一定可以把工作做得很出色。

这些用人之道，不仅在无名的小企业中存在，中等规模的企业中存在，就连许多知名的大企业也强调人才多元化，而不是一律任用“高精尖”人才。

IBM就曾通过组成一个多元化的团队来支持客户多元化的需求。每年IBM招到的一部分人是有经验的，比如，大客户管理人员、高层技术人才、高级咨询人员、项目管理人员、职业经理人等，而另外一部分人是刚毕业的大学生。这也是人才多元化的一种体现。

他们认为大学生没有太多的工作经历，没有学过管理、项目咨询，这没有关系，重要的是他们需要了解这些人能否成长为公司未来的支柱型人才。要综合考察他们是否具备走入社会的心态，在培训的过程中，看他们是否适应公司的文化，能否不断接受新事物，是否具有团队合作素质。毕竟，那些具备一定工作经验的中上层技术和管理人员是IBM未来5~10年内大量需要的。

由此看来，团队的人才搭配要与公司的发展目标一致，应充分考虑公司能够承受的人力资源成本。绝对不能盲目追赶时尚，比如，本来是小规模、生产传统产品的行业，却要会聚技术精英，海归、博士一大堆。

还是回到那句老话："适合的就是最好的。"能做到大才大用固然好，但小才也可大用，只要给他们锻炼、施展的机会，小才也可以成为大才。这与管理者有没有从企业发展的长远目标考虑，与他们本身有没有用人的魄力有很大关系。

提拔具备领导能力的员工

识人用人的目的在于培养典型，提拔表扬一批员工，让他们在团队中发挥榜样作用和激励作用。如果这些人中有具备领导能力的，可以担当重任的，更是上司渴盼的，也应是管理者着力培养、加以重用的。

但是，企业中存在一个普遍的现象，管理者在提拔员工时往往根据自己的喜好来定夺。比如，管理者是"快刀斩乱麻"的人，他就愿意提拔那些办事干脆利落的员工；管理者是豪爽大方，不拘小节的人，就对那些小心谨慎、唯唯诺诺的员工看不惯；管理者是十分稳妥的人，对急脾气、风风火火的人看不惯，宁肯提拔审慎小心的员工；管理者是爱出风头、好面子的人，就不喜欢那些踏实苦干的员工……他们将此解释为志同道合，脾气相投。可是这样做的结果，很可能让别有用心、善于伪装自己的人钻空子。而使那些性格与管理者不合，却颇有真才实学的人抑郁不得志，因为无用武之地而选择离开。

因此，管理者在提拔员工时，千万要记住：上司委托你提拔员工是出于团队的发展考虑，是为了更好地发挥员工的才能，而不是利用员工的个性。因此，不能以自己的喜好而定，要把注意力集中在员工曾经做出的工作业绩上，集中在他们是否具备领导素质和领导能力上。谁符合当领导的标准，谁就是应该提拔的候选人。这才是公正的办法，才能说服众人，避免员工间的钩心斗角。

要识别哪些员工具备领导素质和能力，可以通过他们的言行来判断定夺。

俗话说：言为心声。从员工的言谈中，可以看出他们是否具备当领导的能力。

比如，有一种下属在平时的谈话中总是摆事实、讲道理，很有逻辑性和说服力，说得周围的人心服口服。这种人思路清晰，看问题能抓住本质，为人做事有理有据有节，可托付重任。

有一种下属，当发现对方听不进自己说的话时，会立刻转换话题，或用迂回战术，先说些对方爱听的话，找到对方感兴趣的话题，取得对方的好感后再逐渐地回到刚才的话题上来。这种人容易博得大家的好感。他们用心智做事，会察言观色，有较强的分析判断能力和适应力，比较适合担任公关、营销等部门的领导。

还有一种下属，在和他人的辩论中总是争强好胜，说得别人哑口无言。这种下属是依靠犀利的语言战胜对方的。他们是业务、外交、法律界的好手，适合在以上部门当副手。但是如果担当正职，可能并不太合适。因为他们只注意表现自己，忽略了他人的感受。如果是在企业内部，他们表现过激有时还会引起同事的反感。

考察员工是否具备领导素质还要看他们是否具备热情、友爱、善良、感染力、自信、意志坚强等人格魅力。如果员工自觉自愿地喜爱他们，爱戴他们，他们就具备了当领导的基本素质。

除了通过以上方式考察员工的能力外，还要对他们的德行进行考察。德才兼备可以说是企业选人用人的共性。作为管理者候选人的员工，如果他们的道德品质有问题，轻则破坏公司内部和谐，引起员工之间的冲突，重则可能泄露部门的重要资料、档案和客户信息，对公司造成破坏性影响。因此，除了对他们的才干、谋略和胆识进行考察外，还需要考察他们的品德和修养。比如，是否胸怀宽广，为集体着想，是否处事公正，以及对公司价值观的遵守和执行等。这些也是员工拥护他们的因素。

当管理者通过考察发现了具有领导潜质的员工后，要对他们进行一段时间的培养。

比如，鼓励他们公开发表自己的观点和建议。此举是为了增强其他员工对他们重视的必要手段。适当赞美他们的工作，对他们额外的贡献给予赞赏鼓励，这样他们会感到自己被重视。推荐他们就读有所帮助的课程，帮助他们提升自己的能力。

通过考察他们的业绩、能力和品德等方面，发现他们确实具备领导素质后就可以加以提拔，让他们更好地发挥榜样和表率作用，同时也使部门员工在他们的带领下提高能力和素质。

CHAPTER 06

第六章

因事用人，因事设职

古人讲："为职择人则治，为人择职则乱；任人唯贤则兴，任人唯亲则衰；用当其才则安，用非其才则怨；用当其时则佳，用失其时则废；异质互补则强，同性相斥则弱。"这就是说要根据岗位的需要来合理选人，择优用人，尤其是对基层主管的年龄、文化、能力、性格等因素结构要进行优化配置，以充分发挥其最大的效能和作用。

要懂得因事用人

在一部分办事效率很低的单位里，人浮于事，机构臃肿，往往使领导者伤透脑筋。尤其令人头痛的是，那些空闲人，并不满足于没事干，而是唯恐领导者看到他们闲着。因而总是争着找事干，结果，许多毫无实际意义的会议、报表、材料、总结、讲话、指示便应运而生了。在这种虚假的、徒劳的忙碌之中，很多有才华的下属，其宝贵年华便白白地被消耗掉了。

按照由人到事的思维定式来考虑问题和处理问题，必然出现以下几种常见的用人弊端：

· 要办的事找不到合适的人；

· 一部分人在干着毫无意义的事；

· 无用之才出不去，有用之才进不来；

· 机构臃肿，人浮于事，内耗太大，效率降低。

· 最终影响管理目标的顺利实现。

造成这些用人弊端的根源，在于领导者误用了因人设事的管理方法。

因事用人谋略，是同因人设事相反的一条用人谋略，它是指在用人过程中，领导者务必根据领导管理活动的需要，有什么事要办，才用什么人；决不能有什么人，就去办什么事。显然，确立因事用人谋略的根本宗旨，在于更有效地利用人才资源，尽量避免不必要的人才浪费。

确立因事用人谋略的思维定式，是由事到人，因事用人，而不是某些领导者所习惯的由人到事。从事一切领导活动的最主要的目的，在于实现预定的管理目标，把事情做好。为此，当然要讲究用人。用人仅仅是一种手段，绝不是从事领导活动的目的。企业的各层领导只有根据由事到人的思维模式去指导和制约用人抉择，方能在用人实践中做到以下几点：

· 根据目标管理的需要，分析和筛选自己面临的各种事情；

· 为各种必需办的事情，挑选最合适的人选；

通过因事制宜、因事设人之后，凡是本地区、本单位紧缺的人才，从速通过各种渠道，采取各种方式，从外地区、外单位甚至从国外挖掘，应根据其专长、特长合理安排。凡是企业各部门多余的人才，在征得本人同意的基础之上，及时交流到最能扬其所长的部门去工作，决不照顾使用或养而不用。

由此可见，因事用人谋略，是各企业必须认真研究、灵活运用的一条十分重要的用人谋略，在具体实践中，势必显示出它的弹性和旺盛的生命力。

一职一官，一官一职

现代科学管理的代表人物之一法约尔，在他著名的《工业管理与一般管理》中，在谈到“统一领导”这一管理原则时说：“这项原则表明，对于力求达到同一目的的全部活动，只能有一个领导人和一项计划，这是统一行动、协调力量和一致努力的必要条件。人类社会和动物界一样，一个身体有两个脑袋，就是个怪物，就难以生存。”这位20世纪现代管理鼻祖的论述，在用人问题上，是如此精辟！

公元前3世纪，我国的伟大思想家韩非子关于如何选人也有过独到的论述。他主张在选用主要领导问题上，要求一职一官。他认为，想要管理好朝廷以外的事，最好每个官职只设置一个官员。

首先，他认为一个鸟窝如果有了力量相当的两只雄鸟，他们就会天天争斗；一个家庭如果有两个当家人，那么，做事就难以决断。“一栖两雄”“一家二贵”和“一职二官”也是同样的道理。其次，他认为下属的忧患，在于不能专任一职。原因何在?

因为一职多官，责、权不明确，必然互相扯皮，下属应有的潜力无法得以发挥。同时，一职多官，难以考核下属的个人业绩。而且，功过难分，这样，就难以激励下属建功立业的积极性。所以，对下属反对一职多官。如果每个职位只配置一名官员，那么，他的是非功过，就会暴露无遗。一职一官，责任明确，从而功过分明。而功过分明，是落实准确赏惩制度的前提。

前些年，在深圳崛起的三九企业集团曾非常引人注目。这个企业的成功经验被誉为“三九机制”，而“三九机制”的一个核心内容，就是“一职一官”。他们在领导体制上，摈弃传统的领导班子集体决策制，集团只设总裁一人，不设副手；集团下属企业，也只设一名正职，没有副职。这样，权力集中，职责、功过清晰分明，不会发生内耗，更无扯皮现象，从而使企业能快速、高效地运转。三九集团的成功，充分肯定了“一职一官”在现代管理中的巨大意义。

既要一职一官，也要一官一职。

用人要用到“实”处，要委以人才适当的职务，授予相应的权利，以有利于充分发挥其才能。人才的最大愿望，就是希望能得到上级的赏识和器重，使其所怀的才能得到最大的发挥。要重用人，就必须委之以政，授之以权，要放手让任用者大胆地工作，这才是用人之实。然而，有些企业的领导，对企业里的大事、小事都要过问，甚至对各个部门的具体业务都要包办代替。这种事必躬亲的做法，是领导者用人之大忌。为什么?

第一，领导者的时间、精力和能力都是有限的。

首先，是时间有限。领导者的时间有限，但需要做的事情却是无穷无尽的。如果事事都需要最高决策者亲自去解决，他能够解决多少问题呢？任何人在客观限定的时间内，所从事和完成的事总是有限的，领导者也一样。

其次，是精力有限。荀子在他的著作里说到，大到治理整个天下，小到治理一个诸侯国，每件事非要由自己亲自去做，那就没有比这更劳苦憔悴的事了。的确，个人的知识毕竟是有限的，以有限的知识来应付广博的事务，谁也没有这样的精力。在今天的企业中，每一个部门、每一个岗位都有着不同的业务，经理是不可能对每个岗位的业务都精通，对每项工作都亲自去抓。

再次，是能力有限。领导者也是凡人，即使是才能超凡的领导者，也只能是有所能而有所不能。他只能凭借全体领导成员的综合判断能力而进行决策，而只凭自己的眼睛和头脑去决策是远远不够的。正如《吕氏春秋》所说：每个人耳目心智所能了解和认识到的东西非常有限，所能听到的东西也很肤浅。仅凭着肤浅贫乏的知识，去统治广博天下，使国家得以长治久安，那是不可能的。可见，事必躬亲，会给领导者带来诸多麻烦。

第二，岗位的分工各异，各部门的管理职能不同，职务的大小有区别，管理的层次也不一样，不能相互混淆。比如，在一个企业里，策划部、广告部、营销部、财务部都有各自的职权范围。

试想领导者若不明确自己的职责权限，事必躬亲，样样都管，甚至管到下级的事务，这不仅违反了职能分工的原则，实际上给下属只分了官而没有授权，重用人才实际上成了一句空话。

宋代的范仲淹明确指出，领导者与下属之间要职权明确，要让各级的领导有了职位也有相应的权力，做到各司其职。从国家的角度出发，只掌管国家的最高人事权，选择任命合适的人事官吏，由他们去管理各种具体事务。

今天，作为一个企业的领导者，所关注的应是企业的发展战略，确定企业的经营目标与经营方针，并把杰出的人才安排在掌管人、财、物的关键部门。企业各职能部门的具体业务，应由主管部门的负责人安排。这样，每个人都有自己的管理层次和职责范围，领导者无须事必躬亲。所以说，领导者应该熟知“劳于用人，逸于治事”的辩证法，避免步入事必躬亲的误区。

才能与职位要相称

不当其位，大材小用或者小材大用都是任人失败之处。不当其位，当然就无法发挥人才的长处，大材小用造成人才的极大浪费，挫伤人才的积极性，使其远走高飞，另谋高就；小材大用只会把原来的局面越弄越糟，成为企业发展路上的绊脚石。

在考虑能当其位的过程中，领导不能仅仅以人才能力的高下来衡量，还得考虑人才的性格、品行。如果此人性格懦弱、不善言辞，则不宜让他担任公关和推销方面的任务；如果他处事较随意，且常出一些小错，不拘小节，就不应任用他做财务方面的工作；如果品行不太端正，爱占小便宜，且比较自私，对这种人尤其要小心任用，最好不要委以重任或实权，使其处于众人的监督之下，不至于危害大局，一旦发现其恶劣行为，立即严惩不贷，绝不心慈手软，以防“一粒老鼠屎搅坏一锅粥”。所以，作为领导，在任时一定要就人才的能力、性格和品行等方面综合考虑，再授予其一个适当的位置。

此外，领导者还需考虑一个重要因素，即年龄，一些工作岗位可能有两人可以胜任，一个年轻，一个年长。对此，领导者就应该考虑因年龄不同在性格上的差异：年轻人热情奔放，充满活力，且敢闯敢干，创造力强；年长者沉稳、冷静、忍耐力强，且经验丰富、老道。年轻人缺乏的是经验，年长者缺乏的是闯劲。了解到这些，领导就可以根据该项工作的特征确定合适的人选。

同时，领导还不能忽视年龄层次问题，机关部门、事业单位的年龄层次可以适当偏大一些，而企业的年龄层次宜年轻化一些。

提出明确的工作要求

在分派工作之前，需要把为什么选该员工完成这项工作的原因讲清楚。关键是要强调积极的一面。向该员工指出，他的才能是适合完成这项工作的，强调领导对他的信任，同时，还要让员工知道他对完成工作任务所负的重要责任，及完成这项工作任务对他目前和今后在组织中的地位会有什么样的影响。

杰克为了参加一个老友的葬礼，匆匆驾车来到一个小镇，这个镇虽然很小，但是殡仪馆却不容易找。最后他只好停车问一个小男孩。

“到殡仪馆吗？先生。”小男孩慢吞吞地回答，“您一直往前开，到一个交叉路口，你会看到一只乳牛在右边吃草。这时你往左转再开一两百米，前面树林里有一栋古老的小木屋，越过小木屋继续向前开，你会发现一株被雷电击倒的古树。这时往左转，过不了多久，您会看到一条泥巴路，路旁停着史密斯农场的拖拉机，越过拖拉机继续往前直走，就会找到殡仪馆。如果拖拉机已经不在那儿了，回头再找我，我会给你更多指示。”

结果可想而知，杰克未能赶上朋友的葬礼，因为小男孩的指示太不着边际，他根本无法理出头绪。

在工作过程中，身为领导对员工下达任务、发号施令，这是很自然的事情。但是，怎样下达命令才能让自己的计划得到彻底的实施呢？怎样才能让员工更加积极、主动、出色、创造性地完成工作呢？首先，领导应该了解自己员工的性格爱好。其次，领导应该明确提出自己的要求，让员工做到心中有数，按照领导的预期目标去努力。这就要求领导在下达命令分派任务时，切忌指示不着边际，语言含糊不清。

许多领导都有这样的毛病，下达不着边际的指示，然后责怪员工没有执行他的指示。事实上该检讨的是他自己。再有能力的员工，如果弄不清楚上司究竟要他做什么，他当然无法完成任务。

试想一个能力出众的员工未能完成上司的要求，而上司却认为自己已经下达了详尽的指示，提供了完成任务的所有技术资料。

“到底什么地方出了差错？领导百思不解。“他能力出众，一向值得信赖，是个无可挑剔的员工，怎么会出现这种错误？”

发生上述问题的原因，往往不在员工，而在领导。如果领导认真检讨自己，就会发现自己犯了一个大错——他下达的指示不清楚。哥伦布动物园也发生过类似的趣事。照顾动物的员工请示领班：“这只天鹅老是啄游客，该怎么办？”领班正忙昏了头，便打趣地说：“宰了喂豹子吧。”这个员工竟真的将价值三百美元的天鹅喂了豹子。

问题就在于内容不明确的指示像瘟疫一样危害员工，往往使他们做出预料之外的事情。

领导如何纠正这种毛病？很简单，明确下达你的指示。当你要某个员工做某件事时，要确定你已经说清楚了你的指示，究竟你让他做什么，怎么去做，花多长的时间，和谁联系，为什么这么做，经费怎么算等都应一一交代清楚。

明确下达指示的先决条件，是你必须弄清楚自己的企图。如果领导自己都不清楚自己要做什么，却要求自己的员工去完成任务，无疑是缘木求鱼。如果领导能明确交代指示，员工将会感激上司的真诚，而全力以赴地完成任务。

最后要注意，交代任务时语言绝不可含混不清，要大声而清楚，平静而稳定。避免让员工产生误解，造成不必要的损失。

学会使用岗位轮换

岗位轮换制度，也叫职务轮换制，是企业有计划地按照大体确定的期限，让员工轮换承担若干种不同工作的做法，从而达到考察员工的适应性和发挥员工多种能力的双重目的。历史上早期出现的职务轮换是以培养老板的血缘继承人为目的，并不是制度化的管理措施。而在现代企业管理制度中，这一方法已被推广应用到更大的范围，成为能力开发系统中的一项重要制度。

日本丰田公司重视把一线岗位上的工人培养和训练成技术全面的能手，采用工作轮换的方式来训练工人，提高工人的全面操作能力。通过工人轮换的方式，使一些资深的技术工人和生产骨干把自己的所有技能和知识传授给年轻工人。

对于个人来讲，通过实行岗位轮换，有利于成为一名全面的管理人才、业务多面手。职务轮换主要适用于以下几种情况：

1. 新员工巡回实习

新员工在就职训练结束后，根据最初的适应性考察，被分配到不同部门去工作。在部门内，为了使他们尽快熟悉工作全貌，同时也为了进一步进行适应性考察，并不急于确定他们的工作岗位，而是让他们在各个岗位上轮流工作一段时期，亲身体验各个不同岗位的工作情况，为以后工作中的协作配合提供方便。这一过程一般需一年左右。

2. 培养“多面手”员工

企业为了适应日益复杂的经营环境，都在设法建立“灵活反应”式的弹性组织结构，要求员工具有较全面的能力。当经营方向或业务内容发生转变时，能够迅速跟上变化，否则，关键时刻一旦出现大批员工不能适应工作的情况，将给企业造成十分被动的局面。

3. 培养经营管理骨干

对于高级管理人员来说，应当具有对企业业务工作的全面了解和对全局性问题的分析判断能力。培养这种能力，必须使干部在不同部门间横向流动，开阔眼界，扩大知识面，并且与企业内各部门的同事有更广泛的交往接触。

正确处理统与分的关系

领导用人，其目的就是让人才为我所用。因此在具体实践中，领导者应注意统一领导与分工授权的关系。

统一领导经常表现为一种集权，使领导者陷入事无巨细，事必躬亲的误区。但统一领导又是不可或缺的，只有实现统一的领导，才能有统一的意志、目标、方向、步调，才能朝统一的目标迈进。为了解决统一领导中这一暗含的矛盾，就必须实现分工授权。

分工授权又可称为分层领导、分级领导，是指按照一定的规划和程序，将领导纵向分为若干层次，分级排列开来，下级向其上级逐级负责，其管辖范围随级别下降而缩小，形成上下对应的领导与被领导的从属关系，一级抓一级，一级管一级，使组织成为朝着共同目标前进的统一整体。

能否实现有效的领导，其要素之一就要看企业会不会实现层次分级领导。不进行统分结合的领导，是不可能取得成功的领导。过细的领导，只能使其被一些琐事包围，一叶障目而不见泰山，成了小事清楚，大事糊涂。正确的领导方式应当是在统一领导的大方向下，实现有效的分工授权，做到小事糊涂，大事不糊涂。

现在有些领导，头脑中缺乏这种分工授权的观念，在工作中分工不授权，反而大包大揽，弄得单位里形成了“领导忙得团团转，下属悠闲没事干”的反常局面。领导怨天尤人，埋怨下属没有积极性，不能替自己排忧解难。殊不知，之所以造成这种局面，就是由于领导者不懂得分工授权而一手造成的。

领导干部要干领导的事，要围绕着提高领导干部效能，集中精力干那些必须由领导人亲自去干的重要工作。无论何时何地，都不能忘记自己的身份和职责，不能颠倒工作的主次，尤其注意不能搞包办代替，不随意越权代理下属的工作。要保证使分工负责每项工作的人都有职、有权、有责，以防止分工负责的人难以行使职权，造成不应有的混乱。

CHAPTER 07

第七章

用人所长，容人所短

《庄子》中说："长者不为有余，短者不为不足，是故凫胫虽短，续之则忧，鹤胫虽长，断之则悲。故性长非所短，性短非所续，无所去忧也。"凫是野鸭子，靠脚蹼在水中浮游觅食，胫虽短，却正适用；鹤主要在池边浅滩啄食，长长的双腿正适合生存的需要。凫与鹤的一长一短，各得其所。长有长的长处，短有短的优点。

扬长避短，合理用人

领导者必须根据发展状况和实际需要，认真研究企业对人才的需求，对什么岗位要什么样的人才，要做到心中有数。同时要清楚了解员工的能力与特长情况，尤其要善于发现那些默默无闻的人才。要根据人才的专长，扬长避短，合理使用人才，千万不要将有能力的人才闲置。

领导者在用人的过程中必须牢牢记住一点：用人不疑。

公元1683年6月，施琅奉康熙的命令率水师两万余人，战船两百余艘，自铜山出发，进击台湾，经过几天奋战大败澎湖守军。郑军主力悉数被歼，结果军心涣散。施琅占据澎湖，居高临下，对郑军进行招抚。郑克塽见大势已去，遂同意归附清廷。在收复台湾过程中，施琅固然功不可没，但是如果没有康熙的用人不疑，施琅恐怕也很难施展抱负。正当施琅雄心勃勃希望以武力征服台湾时，主抚派在当时占了上风，部分朝臣对施琅不信任。因为他不仅是明朝的降将，而且在1664年前后两次率兵征台未果。最后康熙仍然果断地任用施琅，终于收复台湾。

领导者一定要有正确的用人态度，要有清醒的用人意识，要有坚定的用人信心。企业可以有各种监督、考核手段，但并不是在其职权范围内横加干涉。要表里如一，让员工安心工作，而不必花费精力来对付领导者。通过建立科学的选拔和用人机制，创新人才才会脱颖而出。

用人不可求全责备

世界上没有十全十美的东西。即使当我们自以为是完美的时候，实际上也未必就完美。我们日常使用的“完美”一词，往往不过是“很好”“非常好”的代名词罢了。追求完美，在很多情况下都是苛求。

现实生活中总是有一些人喜欢追求完美，他们往往有强烈的向往，也肯为之努力。但是实际上并不存在的完美使他们的追求成了永无止境的苦役。有些人到后来便灰心失望，一蹶不振。而领导者苛求完美的危害还远不止于此。

领导者做事要根据对象和事物给予适当的评价。有些事必须要求完美。比如，写收据的金额，就必须要求百分之百正确，不能潦草，也不能修改涂抹。一张两万元的支票，如果不在“贰万”之后写上“整”，看似没有错，却不能允许这种马虎。但并非每件事都要如此。凡事都有合格标准，而这一标准通常和一百分有点距离。入学考试的时候，就算是第一流的学校，也不会录取到各科都是满分的学生。

如果下属所做的每一件工作都以满分为目标，反而会影响工作效率。试想，一个工作人员本来一天可以完成两份报告，如果领导从完美的要求出发，要求每个字都必须银钩铁画，像练习书法一样，每个标点符号都必须像印刷出来的；行文不仅要清楚明白，而且要显示出文学造诣，但又必须简洁，不能写得像小说、散文。如此一来，这个办事员恐怕一天连一份报告也无法完成。少写几份报告，或许事情还不算太大，若是大事上也出现这种情况的话，岂不糟糕？

对每件事都要求满分，是大多数下属办不到的。这么一来，要指责的事就多了。有的领导一向喜欢整洁，看到下属办公桌上的东西乱七八糟就皱眉头。有的领导喜欢朴素，下属在衣着上稍不入眼，就会被他指责。这就会造成下属的不满。而且，“虱多不痒，债多不愁”，指责太多了，也就失去了作用。当你指手画脚，把所有的人差不多都批评一遍之后，下属们不过是相视一笑而已。很多人还会在肚里说一句：“我们的头儿真是个怪人！”

用每个人的长处

人有所长，也有所短。在比较长与短时，应更多地看到人的长处，而不能更多地看到人的短处，特别是不能过分地夸大人的短处。如果一个人的短处成为他的主要方面，那这个人就失去了存在的价值。他之所以没有被消灭，就说明他的长处可以弥补他的短处，他的功劳可以弥补他的过错，并对社会还有益处。用人的决策，不在于如何减少人的缺点，而在于如何发挥人的长处。这就是说，要择人之长而用。世界上没有绝对的好人，或完全的人，只能找到适合某一工作需要的人。因此，只能说他干得最好的是什么，而不提他干得最不好的是什么。因此，作为一个领导，其基本天职，就是想人之长，说人之长，用人之长。

假若所用的人没有缺点，其结果只能是平庸之辈。干大事而惜身，见小利而忘义，更谈不上有所大作为。这种人只不过是谨小慎微、小心奉上之人，其胸中并无雄才大略，更谈不上为大略而献身。现实告诉我们，才能越高的人，其缺点也就越突出。有高山，必有深谷。

如果抓住下属的缺点不放，则证明他本身就是一位弱者，因为他怕别人之长威胁他的安全。事实并不存在下级之长会威胁上级的安全。因为下级之长会使事业发展，这个功劳会记在领导者名下而被重用；下级之短会使事业受损而使领导受到免职的危险。

用人的目的，在于办事，而不是投自己之所好。一位女明星，会使票房价值大幅提高，但会有脾气，这种脾气，往往使领导难看，甚至使领导下不了台，但与你的票房价值相比，应是极便宜的代价。这就是说，用人的标准不是看能否与我合得来，而是看他能干些什么。

组织是一种工具，用以发挥人的长处，中和人的短处，使之变得无害。要用一个人的两只手，就要将整个人请到组织中来。

用人的原则可以总结为下列几条：

（1）职务的内容应适合普通人的能力，不能搞只有上帝才能做得到的内容要求。

（2）职务的内容应能刺激个人能力，即适当地高于他的能力，对他的能力形成挑战。

（3）平时就考虑某个人能干些什么。

（4）要发扬人的长处，就要容人的短处。

三个臭皮匠，顶个诸葛亮。但如果相互牵制，那三个还不如一个好，因为一个可以发挥自己之专长，人多反而会降低效率。

协调每个人的特点

每一位员工的个性都是不同的，因此领导者在用人过程中应注意下属们的个性，安排合适的工作；另外还要有容人之心，不要在小事上过于苛求，使组织成为一个统一团结、不可拆散的整体。

但即使如此，就一个组织来说，上下级之间、成员之间的矛盾和分歧，仍是经常发生的。其实这并不稀奇，黑格尔曾精辟指出：矛盾是无时无刻不在的。协调和排解这些矛盾，本来就是领导者的工作之一。

让我们首先关注一下组织中易产生矛盾的几个因素：一是利益的冲突，集体有集体利益，个人有个人利益，虽然说其根本利益是一致的，但就现实情况而言，大多数人还是极关注自己的个人利益的，工资、奖金、福利处理不好，极易产生矛盾；二是观点分歧，这种矛盾虽不由个人恩怨引起，但若不能及时排解，就极易变成人与人的对立；三是感情冲突，有些人个体素质差，或出言不逊，或盛气凌人，招人反感，最后引起敌视。当然，引发矛盾的因素还有很多，但这不是本章的重点，不再多说，现在把主要精力放在矛盾的解决上。

追本溯源，这些矛盾的产生，主要是由于领导者在用人方面出现了偏差。在一个组织中，领导与下属不是一对一的关系，而是一对多，这就要求领导不仅要重视个人，而且要重视整体，尽量做到协调用人。比如说同一课题需要由几个人来同时完成，那么在选用人才时，不仅要注意人专其才，而且应尽量选取志趣相投的人一起工作，这样就减少了矛盾的隐患。另一方面，就是不要闲人，一个人能完成的工作，就绝不安排第二个人，这一点也是极其重要的。如果人有其责，那么就没有更多的心思去放在钩心斗角上了。

用人协调，并不是说一味地当和事佬，哪儿出现险情，就去那儿救火，这样只能使领导者疲于奔命，却收效甚微。真正做到用人协调，就是要合理用人，设法使组织保持一种科学而合理的结构，各种人才比例适当，相得益彰，实现相互补充，取长补短。

用人协调，一般来说要从以下几点入手：一是注意年龄结构；二是注意志趣相投；三是注意健全制度。

就年龄方面而言，一般来说老年人深谋远虑，经验丰富，但思想易保守固执；中年人思想开阔，成熟老练，但创新精神锐减；青年人思想解放，敢想敢干，但缺乏经验和韧性。如能将这三个年龄段的人才合理搭配，梯次配备，就可以充分发挥各年龄段的自然优势，获得理想的整体效果。

当然这里说的合理搭配，并不是搞平均主义，总体比较而言，较为合理的方式是两头小，中间大，即以中年人为主，兼用老年人丰富的经验和青年人敏锐的创新精神。实践证明这种结构具有较强的耐压性，也能够保持工作的稳定性。

就志趣而言，不妨以马克思、恩格斯二人为例来说明。马克思、恩格斯之所以具有非凡建树，不仅在于二人超人的天才，而且在于二人实现了知识、才能、性格上的互补。马克思善于思考观察，分析问题透彻，老成持重，从不讲未经深思熟虑的观点；而恩格斯思维敏锐，性格外向，性子急，能及时捕捉到新思想、新事物。马克思、恩格斯在一起工作，恩格斯能帮马克思捕捉灵感和信息，而马克思又能使恩格斯的认识得到深化和提高，二个相互配合，共同作出了伟大的贡献，堪称典范。当然，搭档，是历史提供的机遇和巧合，并非某个人的慧眼识珠。但二人之事对今天的用人者来说，却有不少值得借鉴之处。

最后来说健全制度，不以规矩，不能成方圆，领导用人，如果一味靠感情用事，即使是再高明的领导，恐怕也有看花眼的时候。制定一套健全的用人制度，则是实现协调用人、优化结构的保证。

三个和尚没水吃，究其原因，就是因为没有建立起一套合理的用人制度。如果把和尚比作领导手下的人才，就可以出现这样一种场面：一个人才是艰苦奋斗的问题，两个人才是协调用人的问题，三个人才则是机构臃肿重叠，需要优化组合的问题了。在工作中职责不清，分工不明，必然就会产生互相扯皮、争功诿过的现象。领导任人，切忌出现三个和尚的问题。

一个组织，就是一个密切联系的统一体，一个系统的根本特点就是整体性。组织就如同一个健全的人，各个部门就如同人的各个器官，对于一个人来说，多余的器官是毫无用处的，同样对于一个组织来说，多余的部门和人员也是无益的。

用人应注重实效

曾国藩指出，人才必须放在艰难的环境中考验，用人应当注重实效。遇到有道员缺空，加以任用。要是能让他马上开展工作，更有裨益于军务。

曾国藩认为：要达到“知人善任”，注重实效的目的，一要“轻言重行”，二戒以貌取人。要知人，则看其实践，即要衡量其人如何，主要看他在实践中的表现。可以用花言巧语骗人，但要用实践去掩盖自己的虚诈面目的人，虽然动作也可骗人于一时，但不可能长久，其真面目终将暴露。

历史上无数知人善任的事实说明，实践是知人的标准。人才只有放在险境中考验，才能看出他的实际能力，对有能力的人，应当马上让他开展工作，因为在使用过程中才能进一步更深刻地识人、知人。

知人善任，在国外也受到普遍的重视。与人打交道的能力比什么都重要，这是美国汽车大王艾柯卡领导企业的切身体验。艾柯卡说：“我见过许多比我精明的人和许多对汽车行业懂得比我更多的人。然而，我已超过他们。为什么？因为我厉害吗？不。待人粗暴而轻率的人成功的日子是不长的。”这句话无疑就说明了用人当贵以实效。

在讲话时，艾柯卡特别注重针对听众的心理。他说：“使用听众自己的语言同他们讲话是重要的，这件事如果做得好，他们会说‘上帝，他说的就是我想的’，他们一旦开始尊重你，就会跟你到底。他们跟随你的原因不是因为你有什么神秘的方法，而是因为你在跟随他们的想法。”

他尽力鼓励别人提出哪怕是超出他们实际能力的想法与建议。在别人拿出具体办法前，他尽量做到不去干预和影响他们的设想。他还习惯在与下属交谈后，让对方将所谈的意见或建议写成书面文字，使这些想法具体化，以弥补口头交谈之缺陷，防止自己被仅仅是娓娓动听的言辞打动而采纳了不成熟或不切实际的意见。

艾柯卡在工作中，十分注重保护下属的积极性，例如，当某位下属的意见未被采纳时，他总让对方知道自己的建议是有效的，只是由于条件限制不能即时实现，以鼓励下属今后提出新的建议。当需要对下属进行表扬或批评时，他奉行这样一条原则："假如你要表扬一个人，用书面；假如你要使他难堪时，用电话。"书面表扬能体现郑重和对成绩的充分肯定。当下属工作中出现失误时，过分的难堪则会大大挫伤乃至毁灭他们的积极性。

艾柯卡在任福特汽车公司总裁时，他的周围聚集了一大批优秀的管理人才。而当他离开福特公司到克莱斯勒公司任董事长时，这批人纷纷涌向克莱斯勒，他们放弃了福特的优厚待遇，谢绝了福特的一再挽留，而甘愿和艾柯卡一起冒风险，尝艰辛。由此可见，艾柯卡的知人善任和人际交往的特殊魅力。艾柯卡说："我设法寻找那些有劲头的人，那样的人不需要多，有25个我就足以管好美国政府。在克莱斯勒，我大约有12个这样的人。这些管理人员具有的力量就是他们懂得如何用人和发动人。"

在生意场上，更要注重用人以实效。常言道："生意好做，伙计难找。"伙计不易找，运筹帷幄，独当一面的将相之才就更难求了。

美国著名的百货公司萨耶·卢贝克公司的创始人之一的理查德·萨耶是靠做小生意起家的，他做梦也没有想到最后生意能做得那么大。他一生最大的长处，也是他成功的最主要因素，就是他善于发现和起用人才。

萨耶起初在明尼苏达州一条铁路上当运送货物的代理商。这种代理商的共同的烦恼，就是有时收货人嫌货不好，拒收送到的货物，代理商若再将货物带回，就得倒赔一笔运费。萨耶灵机一动，想出了一个新招——邮寄。这样不仅退货率大为降低，也为买主增加了便利。这种"函购、邮寄"的方式，在辽阔的新大陆上获得了意外的成功。他的生意必须扩大规模，否则，别人利用他创造的这种经营方法，很可能赶到他前面去。他饱尝了"伙计难找"的苦衷，挑选了将近五年，终于在一个夜晚，这个注定要在萨耶的命运中起关键性作用的人，自己骑着马走来了。

他叫卢贝克，到圣·保罗去买东西，不料中途迷了路，这时已经饥肠辘辘，人困马乏。在皎洁的月光下，正在徘徊散步的萨耶看着卢贝克，对他的仪容外表顿生仰慕之心。也许，这就是所谓的缘分吧。他邀请卢贝克到他的小店中休息。两人一见如故，困顿全无，直谈到东方破晓。

“我觉得你的想法非常好，只要经营得法，一定前程远大。”卢贝克热情地说。

萨耶沉默了，心中翻腾得厉害。他隐约感到，他日夜寻觅的那个人已经出现了，但又不便造次，吞吞吐吐地说：“我有句话，实在不好开口，我想，既然你觉得这一行很有前途，何不参加进来，我们一起经营？”

两人默默相视，然后，隔着桌子热烈地拥抱在一起。以两人姓氏为名的世界性的大企业“萨耶·卢贝克公司”在拥抱中诞生了。

两人密切合作，如鱼得水，如虎添翼，公司第一年的营业额就比萨耶独自一人经营时增加将近十倍，达40万美元。第二年的发展更快，这种发展速度不仅为二人始料未及，而且使他俩明显地感到力不从心了。

“也许我们都是平庸之才。”萨耶苦笑着说。

“是啊，这话我早想说了，就怕泄了你的气。”卢贝克说，“我们何不请一个有才能的人参加我们的生意？”

萨耶一直把当年发现卢贝克视为一大快事，对他的这个建议一拍即合。“好吧。我们为我们的生意找个老板。”

为上百万元的生意找个经营人，实在比找伙计困难多了，他们不久就感到了灰心。这种将相人才，实在是天才人杰，本来就是很稀少的；即使真有这种人才，恐怕也早被别人拉走了。萨耶和卢贝克几次三番地谋划，决定开阔视野，到一般的小商人中去寻找。这也是因为大公司的经理一般不屑于经营他们的“杂货铺”。而在平凡的人物中选拔适当人才委以重任，他一定会尽全力报效；不会像重金礼聘的知名人物，即使请来了，也只是抱着“帮帮忙”的心理。

一天，萨耶下班回家，看见桌上放着一块他妻子新买的布料，心中很不高兴："这种衣料我们店里有的是，干吗要去买别人的？"

"我高兴嘛。"妻子任性地说："料子不算太好，但花式流行。"

"我的天！"萨耶嚷起来，"这种布料去年上市以来，一直卖不出去。怎么会流行起来？"

"卖布的说的。"妻子坦白了，"今年的游园会上，这种花式将会流行。"

妻子告诉他。在游园会上，当地社交界最有名的贵妇瑞尔夫人和泰姬夫人都会穿这种花式的衣服，而且还不许萨耶把这个情报说出去。

萨耶对女人在服饰方面这种"不甘人后"的一窝蜂心理早就习以为常，那两位贵妇可以说是当地妇女时装的向导，女人们对她们心目中向往仰慕的女人，更会盲目地跟着学样。

"这个情报，是谁告诉你的？"萨耶对这个问题产生了兴趣。

妻子支吾了半天，吐露了真话："卖布的告诉我的，不过，他叫我不要再告诉其他人。"

萨耶真想大笑一场，他明白这小布贩的伎俩竟然把他妻子也哄得牢牢的。只是怕妻子脸上不好看，他才没有把这些揭穿。

萨耶并没有把这件事挂在心上。甚至他店中的这种布料都被一个布贩买走了，也没引起他的注意。直到游园的那天，全场妇女之中，只有那两名贵妇及少数几个女人穿那种花色的衣服，萨耶太太也是其中之一，真是喜形于色，出尽风头。游园结束时，很多妇女拿到一张通知单，上面写着：瑞尔夫人和泰姬夫人所穿的新衣料，本店有售。

萨耶暗自惊讶，有种豁然贯通的感觉。他已觉察出这件事从头到尾都是那个小布贩一手安排的，不禁佩服他的推销手段。

第二天，萨耶约上卢贝克找到那家店铺，只见人群拥挤，争先恐后地在抢购。等他们走近一看，才知道比想象中的更绝。店门前贴的大纸上写道：

衣料售完，明日有新货进来。那些拥挤抢购的人，唯恐明天买不到，在预先交钱。伙计解释说，这种法国衣料原料不多，难以充分供应。萨耶知道这种布料进货不多，但并非因为缺少原料，而是因为销路不好，没有再继续进口。看到对女人心理如此巧妙地运用，直到最后一招以缺货来吊起时髦女人的胃口，实在觉得这个布贩手法高人一等，令人折服。

“虽然不知他长什么样，也不知他是老是少，但我几乎可以肯定，这个人就是我们要找的人！”萨耶和卢贝克都这样认为。然而，当他俩与店主见面时，却不禁面面相觑，大出意外。原来他就是经常到他们店里贩布的路华德。他们彼此已认识好几年，从没有深谈过，对他也并没有什么特殊的印象，这次，他们把对方细细打量一遍才发觉他的目光中，有一种说不出的飞扬神采，有着强大的吸引力。

寒暄之后，萨耶开门见山：“我们想请你参加我们的生意。坦白地说，想请你去当总经理。”

“请我？这是从何说起？”路华德要求给他三天时间考虑。

“可以是可以，但你要保证，不能再接受其他公司的邀请。”萨耶严肃地说。

路华德笑了：“这是当然。我想我还没有这么吃香，还有谁会要我？”

萨耶又一次表现出他的思维敏捷和处事周到。果然，第二天就有两家化妆品公司请路华德去主管推销方面的业务。如果不是有言在先，路华德完全可能被其他公司拉去。在这场人才争夺中，萨耶抢先了一步，否则，公司的历史也许就要重写了。

当上总经理的路华德为报知遇之恩，天天废寝忘食地工作，终于做出了惊人的成就。萨耶·卢贝克公司声誉日隆，10年之中，营业额竟增加了六百多倍。现在，该公司拥有30万员工，每年的售货额将近70亿美元，对于零售行业来说，这简直是个不可思议的天文数字。由此可见，用人当贵以实效，在企业里也非常重要。

不可拔苗助长

人与物最大的不同点，在于人本身会有想进步的冲动和意念。所以，所谓的培训，应该是播种原来就有生长能力的种子，等它发芽之后，再适当地浇水帮助它成长。在幼苗时期，要小心预防风害，以免被风吹折；再长大一点时要剪枝。以免它往不该生长的方向延伸。简单地说，就是要重视这个人本身的成长潜力，以有助于他成长的方式来帮助他。

但是，这并不是要对他施加压力，让他改变自己的喜好，而走上不喜欢的道路。最重要的是，要创造出能让这个人充分成长的环境，让它很顺利地开放出美丽的花朵。

用这种方法来培育经验丰富的老手，可能比培育年轻人更适合。同时，它对于培训技术者或专门职业等自我意识高的人，也非常重要。

对年轻而有经验的人，要先指导他做好基础工作，并严格要求，希望他如何做，并要随时指正他的错误。

对于有相当经验并且相当自信的人，使用农业型的培训方法，可以说是最好的方法。

如果下属太年轻，而你使用农业型的培训法，或者下属经验已非常丰富，而你用工业型的方式来培训，这都不是好的方法。一定要配合对方的成熟度，而决定采取的培训法。

培训人才就像从事农业。这意味着培育人才是一项须花费时间的工作。如果“拔苗助长”，不仅对个人，对公司也会产生不良的影响。

工作和人的理想步调是不同的。工作需要用舒适的步调快速地进行；但人却必须配合对方能改变的速度而进行。所以，人的前进步调总是比工作慢。虽然只是让人做一点小小的改变，但起码要花一个月的时间。而且就一般情形来说，育才的真正含意是，花费半年或一年，甚至是好几年的时间来改变一个人。因此，只是快速而表面化的改变，很快就会原形毕露。

但是，常常有管理者认为，人改变的步调和工作的步调是一样的，因此，一直急躁地要求别人改变。然而，被要求者却不能如此快速地改变。简单地说，其实你只要考虑到本身的改变速度，就会知道改变并不是那么容易的；同时也须了解，自己无法那么快速地改变，却要求别人要办到，这实在是一件很不合理的事。

例如，某下属有个不好的习惯，你已经提醒过此人应多加注意，而这个人也表示已经知道。但是，不久之后却又犯了相同的毛病，你因而生气地认为提醒他实在是毫无作用。事实上，这种想法是不对的。

虽然改掉不良的习惯比起培养新能力，或让一个人改变态度所花费的时间会比较短，但最起码也需要一个月的时间，长一点的话，可能需要一年左右的时间，不断重复地提醒他。所以，你为了下属一时无法改变的坏习惯而生气，实在是毫无道理的。因为坏习惯已成为对方的生活习惯，所以，他只是无意识地做出这个动作，完全没有恶意。对于这一点，你只要想想自己的情形，应该很容易了解的。

认为只需提醒一次，对方就可以完全改掉不好的习惯，这种想法是错误的。平常如能心平气和，用冷静的态度重复提醒下属几次，他的坏习惯自然就会消失。如果你只这样做，反而在中途就认为他无药可救，这就等于管理人本身是失败的。

育才是需要耐心的。工作和时间的基准不同，所以，耐心地等待自然的改变是很重要的。一般的管理者都有性急的倾向，这对于培训人才是有百害而无一利的。因此，育才的成败，取决于你是否能以时间为基准，把工作和人分开。

育才就像农业，要花足够的时间才能完成。同时，也要在各个季节，做各种必要的照顾。最后，还要有耐心地等待它开花结果，一点都不能性急。

也就是说，要心平气和、不断地照顾，并且有耐心地等待植物茁壮成长。用这种方法，须花费很多的时间与心思，所以当看见开花时就会特别喜悦。同时，这种宝贵的经验是任何东西都无法取代的。

要给下属犯错误的机会

如果领导者确信自己不是完人，不可能不犯错的话，那么领导者也应该确信自己的下属不是完人，也不可能不犯错误。

如果你的下属因某个疏忽导致了顾客的不满，顾客上门兴师问罪来了，怎么办？逼下属自己去道歉，让他自己处理“烂摊子”，还是亲自出马去处理自己心里也没把握的问题？

首先，我们必须强调领导者有不可推卸的责任。作为一名领导者，遇到这种突发情况，首先要冷静。第一，不要推卸责任，要亲自出马，对因员工的一时疏忽给顾客添加的麻烦，向顾客表示诚恳的歉意。第二，在弄清事情的经过后，对顾客提出的合理要求，应尽力予以满足，并求得相互的理解。对顾客提出的不合理要求或无理取闹、借题发挥，应做耐心的解释工作。第三，以教育为目的，对员工进行耐心的说服和教育，查找问题的症结。主动承担责任，能体现一个领导者的气度和修养，也能得到员工们的理解和尊敬。切不可不问青红皂白，当着顾客指责员工，盛气凌人。

其次，要学会变坏事为好事。虽说是下属惹的祸，但你硬要他自己去收拾，碍于职权的限制，他出面恐怕不会取得什么满意的结果，很可能问题最后还要回到你这儿。如果你亲自去处理，由于对问题不甚了解而心里没底儿，同样不利于问题的解决。如果你与当事的下属共同去面对来兴师问罪的顾客，就大大增加了解决问题的可能性。领导者主动在外人面前承揽责任，会减轻下属的包袱，他会感激你，同时也会赢得其他下属的人心。同时对顾客来说，能够表现出部门对此事的重视和诚意。在解决问题和协调双方利益时，领导者较具权威性，可以更好地维护部门利益。

总之，领导者要做到优秀，就必须去扛一些事情，只有这样才能给大家留下一个负责任的好形象。

CHAPTER 08

第八章

管理好团队的每一个兵

一个管理者的最大成就是，构建并统率一支具有强大战斗力与高度协作精神的团队。可是，员工来自五湖四海，性格百人百样，要管理好这些员工并不简单。

一流的管理是制度管理

一提到制度，很多人的第一反应就是和“限制”“约束”之类的词汇联结在一起，似乎制度就是用来约束员工的。

诚然，表面上看，单个制度的目的都是约束。但是，制度的目的和制度管理的目的是两回事。制度管理的目的是：依靠制度提升组织效率。

制度管理将一切合理的东西，用制度来规范和固定下来。在这个组织内，所有成员职责清晰、流程有序、配合紧密、有章可循，其结果会使1+1远远大于2。

假设同样的人数、同样的装备、同样单兵能力组成的两支部队，一支是制度管理，一支是散兵游勇，他们对阵，前者的战斗力必然远远超过后者。

具体来说，人治有哪些弊端呢？

第一，人治带有明显的随意性，缺乏科学性，使员工难以适应。

第二，人治带有专制性，缺乏民主性，决策极易失误，人际关系也极易紧张。

第三，人治常常过不了人情关，奖亲罚疏、任人唯亲的事情一旦发生，领导就会逐渐失去威信和凝聚力。

第四，人治头疼医头脚疼医脚，昙花一现，治标不治本。

有鉴于此，一流的企业都重视制度管理，用制度将一切合理的东西固定下来，同时也将一切不合理的排除出去。

联想的柳传志曾说："20年的中国企业剩下的已经不多了，被淘汰的要么是适应不了环境，要么是在管理方面出了问题。现在能找到的、说话有一席之地的，都是花了很大的力气，在研究真正的企业管理、企业运行规律的，我觉得这才是经营正道。"

远大集团的总裁张跃，对制度的推崇到了固执，甚至偏执的地步。在远大，从生产到非生产，从大事到小事，每一项工作都精益求精，追求完美。比如接待外来参观人员，事先要根据对象制定专门的、唯一的接待程序。前来的参观团什么时候到哪里参观，由谁领路，参观多长时间，对每一个环节都做出了计划，进行精心准备和安排。张跃说："我一直觉得一个企业最强的不是它的技术，制度才是决定你这个企业所有活动的基础。有没有完善的制度，对企业来说不是好和坏之分，而是成和败之分，要么成要么败！没有制度是一定要败的。"

我们都知道：政府的法律法规已经制定，就不会轻易更改。因为法律法规是严肃的，需要一定的稳定性与延续性。

制度是企业的内部法，也需要一定的稳定性与延续性。否则，朝令夕改，三天一小震，五天一大震，再强烈的信心也会全部震散，再优秀的团队也会茫然失措，再结实的建筑也会最终倒塌。

可是，管理者朝令夕改也是有苦衷的，例如：

制度不合理，与原先的一些制度发生冲突，改！

制度不具备操作性，执行起来反而有损效率与公平，改！

制度有漏洞，该规定的没规定，不该规定的有规定，改！

……

如何克服以上"苦衷"呢？

1. 循序渐进，步步为营

不能一听到制度管理好，就从电脑上下载一大批制度条文，修修改改就完事。在公司创业期，制度建设要循序渐进、步步为营，先从简单、易于执行的开始。随着企业的不断发展，公司制度再逐步完善。制度建设初期过于全面和细化，会出现很多不实用、不能用的制度，而员工则会被这些纷繁的制度搞迷糊。

2. 实用至上，远离教条

以制度管理的目的为参照，判别单个制度优劣的最高准则是：是否有利于组织效率的提升？制定某一制度，除非它对员工行为的限制和约束有利于企业组织效率的提升，否则就没必要制定。企业组织决不能为了限制而限制，而应该为了组织的高效（兼顾公平）而限制。

3. 听政于民，双向沟通

以想象代替现实，制定出来的制度会在现实中触礁。这就是为什么有些企业花了很长时间制定了厚厚的制度，就是执行不下去。因为光有生硬的制度，却没有体现人性化和导向性。正确的做法是，在制定制度前期，多与员工进行交流，听取大家的意见与建议。

热炉法则：谁碰就“烫”谁

有些企业，不是缺少制度，而是缺少执行。心血来潮时抓一下，杀一两只鸡给猴看；意兴阑珊时抛在一边，睁一只眼闭一只眼。心花怒放时，看见有人违反制度，顶多讲一声，该罚的不罚；心烦意乱时，碰到有人犯错，动辄严肃查处，不该罚的也罚了……

久而久之，制度成为一纸空文。

在制度管理中，有一个“热炉法则”：当你触摸到一座烧热的火炉时，你会受到“烫”的处罚。这种处罚的特点是：

· 预警性：火炉是烧红摆在那里，一碰就得被烫；

·即时性：当你一碰到火炉时，就会被烫；

·公平性：火炉烫人不分贵贱亲疏，一律平等。

其实，早在两千多年前，这一准则就已经被我国的先哲们发现了。战国时期法家人物韩非就说，管理者必须一丝不苟地实行惩罚，该惩一定惩，该罚一定罚，说到做到，绝不含糊。他有一句名言是："使吾法之无赦，犹入涧之必死。"如同掉进万丈深渊，必死无疑一样，触犯了组织制度，也一定得到应有的惩罚。

明代的冯梦龙也是"热炉法则"的鼓吹者，他在《智囊》中收集了许多类似的事例，其中司马穰苴斩庄贾的故事，比较典型。

齐景公在位时，晋国和燕国一同侵略齐国。齐景公大惊。危急时刻，宰相晏子举荐司马穰苴为大将军，统兵御敌。齐景公同意，请司马穰苴入朝，发给兵车五百乘。

司马穰苴提出要求："臣一向地位微贱，没有影响力，希望得到君王的一个宠臣做监军。"齐景公答应他的请求，派庄贾随军前往。庄贾问穰苴出征的日期，穰苴答道："明天就要发兵拒敌，明天中午在军门见面，请监军准时到达。"古代发兵作战，在军营树两面旌旗作为门，这里的军门，也就是旗之下。

第二天上午，穰苴先骑马到军门，立木为表，以察日影，下漏水，以掌握时刻，一边观察时间，一边等待庄贾。而庄贾这个人，一向依恃齐景公的宠爱，骄横跋扈，他根本没把司马穰苴放在眼里，也没把军令当回事，差不多黄昏的时分，庄贾才赶到军门。

穰苴责问道："你为什么这么晚才到？"

庄贾满不在乎地说："亲戚朋友设宴送行，耽误了一会儿。"

穰苴大怒道："大将受命之日，便应该忘掉家；监军守约，就应忘记亲人；手持击鼓杖击鼓很急，就要忘记自身的安危。现在，强敌压境，国内骚动，士卒暴露于境，君主食不甘味，寝不安席。在此危难时刻，你还谈什么设宴送行？”说罢，便对军正问道：“按照军法，迟到应该如何处置？”

军正答道：“应该斩首。”

庄贾这才害怕了，忙派人向齐景公求救。穰苴还没等这人返回军中，便下令将庄贾就地斩首示众。

过了很久，齐景公的使者带着圣旨来赦免庄贾，可庄贾已经身首异处。

庄贾被斩，给全军将士以强烈的震动，立刻紧张行动起来，争先恐后，奋勇杀敌，结果大败敌军，收复失地。

稍加分析，就可发现，司马穰苴斩庄贾，正是贯彻了“热炉法则”：

· 预警性：惩办庄贾所依据的处罚条文是众所周知的，作为大臣的庄贾更应该清楚。

· 即时性：发现庄贾违反军令，立刻斩首，没有半点犹豫。

· 公平性：不论庄贾如何被宠，在军法面前一视同仁，该杀照样杀。

“热炉法则”的功能，是使人们都不去触摸热炉。大家都按规章制度办事，组织获得生机和活力，穰苴出师大捷，便是明证。这一点值得现代企业管理者好好学习。

这样管理恃才傲物的下属

差不多每家企业里，都有一些狂妄自负、不把任何人放在眼里的人。这些人有一定的工作能力和经验，有一定的工作资历，甚至在小范围内具有一定的号召力和影响力。这些也许就是他们自傲的资本。因此，他们常常特立独行，爱表现自己；不拘小节，自由散漫，不遵守规章制度；经常公开顶撞领导等。因为他们认为上司并不如自己，所以常常不服从指挥。这正是应了那句“能人毛病多”的老话。这样的人常常令管理者头疼。

怎样管理这些恃才傲物的“能人”，让他们认识到自身的缺陷和不足呢？

1. 没必要自卑

有些管理者在这些恃才傲物的人面前可能会感到有些自卑，因为自己确实在某些方面比不上他们。其实完全没有必要。自己身为管理者，需要的是综合的管理能力，在某一方面的专业能力上比不上下属也很正常。下属之所以恃才傲物是站在员工的角度考虑问题，他之所以还是下属，就是因为他还有所欠缺；或者是某些方面能力强，但综合能力不行。如果让他做管理者，恐怕他就会感到自己能力有限，不会再恃才傲物了。

2. 给他有挑战性的工作

也许下属爱自作主张，甚至故意拆台，认为上司限制了他的发展。如果是这种情况，就要给他挑战性的工作，让他的潜能最大限度地发挥，让他的才华得到充分施展。这样他们完成后会有满足感，也会因此感激上司。

3. 有意用短，挫其傲气

俗话说“金无足赤，人无完人”，恃才傲物者也并非万事皆通。因此，如果他们气焰太嚣张，目无领导，可以设法让他们认识自己的不足。比如，给他安排一两件他比较陌生、做起来比较吃力的工作，并且要求限时完成任务，因为他们常常是眼高手低，故即便完成也会感到很吃力，完不成则会看到自己的不足之处。这样也可以让他们有自知之明，恃才傲物的个性才会稍稍收敛一些。

4. 釜底抽薪

有些人之所以恃才傲物，是因为他们手中握有部分重要的资源，认为公司离开他会蒙受损失。比如，业务部拥有许多客户资源的员工，如果公司不任用他们，客户开拓就会受影响。对于这些自认为拥有公司特有资源的人，可以将他们手头的资源架空或将其资源进行重新分配，釜底抽薪，使其担任虚职。这样也可以让他们目空一切的心理稍有收敛。

5. 用制度约束他们

因为这些人常常不拘小节，不服管理者，因此有必要用制度来约束他们，特别是在他们不在意的方面用制度去管理他们。

6. 加强沟通

因为看不起领导，这些人通常很少和领导沟通。可是，作为他们的上司要注意和他们沟通。这样做一是为了保证工作效率，二是为了及时了解他们的动向，防止产生误会。比如，他们有时迟到也许并非故意不遵守规章制度，而是家中事务繁多或者身体健康问题等引起的。因此，要多与之进行思想交流，力求达成共识和引起共鸣，防止因互不了解而产生麻烦和损失。

7. 让团队成员比学赶帮，见贤思齐

这些恃才傲物的人往往控制不住自己的表现欲，过分张扬，他们不仅对上司如此，对同事也会如此，因此，很容易招致其他员工的嫉妒。如果领导偏爱他们，他们也可能受到大多数员工的攻击和孤立。但如果顺应其他成员的心理需求，这些能人又会离开团队，使部门的效益受损。如果领导有意为难他们、压制他们，他们更会走人。此时应该怎么办？

妥善的解决办法就是引导他们为人低调一些，少说多做。除此之外，还要善意、委婉地说服他们改正缺点。同时也要教导其他员工争做先进，让他们明白，企业是要效益的，要引导团队形成积极进取的健康氛围，涌现更多的能人。当然也不能为了迁就普通员工的心理而忽视恃才傲物的人，这样一来就得不偿失了。

8. 包容和宽容

无论如何，对待这些恃才傲物的人要包容和宽容、引导和疏导，而不能压制打击。作为管理者，能够接受“恃才傲物”的下属，本身就是一种胸怀、一种气度的表现。

一次，银行家巴恩对林肯说：“如果您要组阁，千万不要将蔡思选入，他太自大，甚至认为比您还要伟大。”

林肯听后笑着问："哦，除了他以外，您还知道有谁认为他自己比我伟大得多？"

巴恩不明白地问："您为什么要这样问呢？"

林肯说："因为我想把他们全部选入我的内阁。"

看，林肯的胸襟有多么博大。正是由于这种领导方式，林肯成了美国历史上最伟大的总统之一。

所以，管理者要与恃才傲物的下属和谐相处，那样，他们也会被你的大度所感动，会自愿帮助你。另外，为了自身的影响力和说服力，管理者要注意提高自己的专业素质和能力。业务水平提高了，工作就有主见，就能在下属心目中树立高高的领导形象，那些恃才傲物的下属也会为之信服。

轻松驾驭老资格下属

在任何企业中，都有一批老资格的员工，他们中有些人仗着在企业工作时间长，不把任何人放在眼中。

这种人在员工中可以称得上是意见领袖，因为他们具有一定的影响力，不论他们的行为对错，大部分员工都会唯他们的马首是瞻。不追随他们的甚至还会受到打击。

某公司是典型的欧洲矩阵式结构，由于承揽了海外业务，欲在当地设分部，派谁当分部管理者成了人力资源的头等大事。总经理考虑到年轻的小黄英语能力较强，可以直接与当地有关部门沟通，而老徐年龄已近五十，又不懂英语。而且海外施工需要很大的精力、体力，无论如何还是派一名年轻的管理人员更合适，于是就顺势提升他为管理者。这下，志在必得的老徐工作行为与方式开始出现了一些变化。

他的态度明显变得非常骄横，不仅粗暴地对待小黄，对基层员工的态度也放肆起来，动辄大声呵斥下属。特别是对人力资源部门的人员，横竖看不惯。有一次，他在公司召开的管理人员大会上公开说："有些部门用人完全是凭主观印象，以后我们部门的事情不用其他部门插手，我们自己可以搞定。"这让在座的上司和其他部门的管理人员都非常气愤，小黄作为管理者也感到十分尴尬。可是，因为老徐是公司资格最老的一名员工。大家也没多做反驳。

老总见状提醒老徐注意一下说话方式，可是老徐索性破罐破摔，毫不顾忌。这样一来，不少人都向小黄抱怨老徐的态度让他们极为难受。小黄也感到左右为难，老徐连公司总经理都不放在眼里，一个入职还不到半年的小管理者又能把他怎样？为此小黄陷入了困境。

那么，遇到这种情况，管理者应该如何驾驭"摆老资格"的下属呢？

1. 接近而非躲避

部门中有"摆老资格"的下属，应该说是一种很正常的现象。这些老资格下属一般架子大，什么人都不放在眼中。如果遭遇不公平待遇，脾气更大。因此，许多管理者都会惹不起躲得起，尽量回避他们。这样做是不对的，老资格下属之所以怨气冲天就是为了发泄。如果躲避他们，他们的疑心更大，以为你暗地里做什么了。因此，管理者必须以积极的态度，积极靠近那些爱摆老资格的下属，倾听他们的心声，尽量帮助他们解决一些问题。即便像升职这类问题自己无法解决，但是自己的关心问候也可以使他们失衡的心理得以平衡。

2. 大胆管理

老资格下属也是自己的下属，即便他们是自己的搭档和副手，也是要受正职领导的，因此，对于他们要大胆管理。如果不敢管理，其他员工会以为你欺软怕硬。因此，切不可因不愿管、不敢管、不会管等，而对其疏于管理。

当然，管理“摆老资格”的下属需要讲究方式，以尊重和关心的方式表现出来，这样才不会引起他们的反感。

3. 显示出自己的威严

“摆老资格”的下属由于经历较丰富，对情况比较熟悉，因此常会有意给管理者出难题。即便他们无意中做错了事情，往往也会强词夺理，寻找种种理由为自己的过错辩解。

此时，管理者就要显示出自己的威严来。平时与他们要保持一定的距离，更不可轻易接受他们的馈赠。交办工作语调要严肃，批评他们要有理、有据、有力。只有让对方感到自己公事公办，一派威严，他们才能在行为上有所检点。

4. 及时培养替补

那些下属之所以摆老资格，就是因为有些事情离了他别人都干不了。对此，管理者必须及早培养一批上进心较强的业务骨干，以便在老资格的下属要挟自己时能及时替补。这样，一方面有利于提高本部门的工作水平；另一方面又能使“摆老资格”的下属“撂挑子”失去效用；同时也可以打击一下他们嚣张的气焰。

总之，作为一名管理者，既要有“将野马驯化成良驹”的管理艺术，又应该有容人之过的度量。对摆老资格的下属切不可记恨他们，当他们遇到困难时，应该及时伸手援助。当他们体会到管理者真诚的关心后，自然会有好的表现。管理好了他们，不仅教育了其本人，还会产生连带效应，教育引导其他下属。

正确看待爱“拍马屁”的员工

“拍马屁”一词，于国人并不陌生。通常人们理解的“拍马屁”就是下属“讨好”“谄媚”“奉承”上司或者位高权重的人的意思。因此，人们对善于拍马屁的人通常都没有什么好感。

既然如此，为什么还有人冒天下之大不韪而乐此不疲呢？

据“拍马屁”者诉苦说，他们本不想拍，可是“批评上级，官帽不保；批评下级，选票减少”。不拍领导的马屁，惹领导不高兴，领导会对你心存芥蒂；得罪下级，投票时肯定要给你评不满意，进而影响自己的前途和升迁。因此，他们只能两面讨好。

这虽然是某些人的官场心得，可是在企业中，在管理者身边也会有一些喜爱拍马屁的人。尽管职场不是官场，尽管领导并不提倡他们这样做，但是他们就是善于此道，情有独钟。那么，作为管理者，应当如何对待“拍马屁”和“讲好话”的部属呢？是横眉冷对、怒斥他们的品行，还是不动声色地默许，私下里内心偷着乐呢？这就要分析拍马屁者的动机和原因，视不同场合、不同人品、交往深浅而定，不能一概而论。

如果是两人私交甚好，下属在尴尬的场合，为了维护领导的面子则情有可原。

如果一向不怎么看好自己的部下突然十分热情，频繁地拍马屁，就要小心了，也许他们是别有用心，想要达到什么目的。

在这种情况下，如果管理者像掉进了蜜罐子一般被捧得晕晕乎乎，就会给别有用心的人钻空子，从而破坏企业的某些规则。比如，在很多关于选举、任用、重要决策等重大问题上，由于“潜规则”的存在，就会出现暗箱操作，破坏规则，损害公正性和严肃性。

有些时候，“拍马屁”的人不一定别有用心，他们只是把这些看作和管理者的对话方式。因为每个人内心深处都渴望得到别人的肯定和尊重。可是，他们没有想到，如果做下属的只是赞美领导，也会引起其他人的反感。因此，要引导这样的下属赞美大多数人。比如，自觉地把过多送给领导的“赞美”话，转移到与同事的交往中，发现每一个人身上的闪光点，对同事取得的工作成绩，要不失时机地予以表扬；对他们的优点和个性，可以恰如其分地“拍一拍”。这样做，就会在“拍”上司与“拍”同事之间找到一种平衡，这样的“拍技”，一定也能让大家感到心里舒服，而不会认为其是一个只会讨好上级的“马屁精”。

总之，要让那些爱拍马屁的员工明白，所有人都有可赞美之处。只要真心赞叹，就不是拍马屁。当然，还是应该把精力和时间用在提高自己的能力上。毕竟，能力才是硬道理。

对业绩平平的员工打气，不泄气

每个企业中都会有一些从来就不曾显山露水的业绩平平的员工。他们没有出众的业绩不是因为偷懒，而是因为他们自身的能力较低，就像学校那些十分用功的学生一样，虽然勤勤恳恳、忠厚老实，可是始终成绩提不上去。

员工业绩平平影响的不仅是自己，也影响企业的发展。那么，管理者应该怎样帮助这些低绩效员工提升自己的能力和水平呢?

1. 给他们以信心

也许，这些业绩平平的人也有上进心，可是，在长时间业绩平平后，别人对他们不再抱有希望，他们自己更不敢有所奢望了。此时，管理者对他们要不抛弃，不放弃，给他们以充足的信心。

有一个老汉有个女儿，长得不漂亮还很懒惰。眼看到了出嫁的年龄，还没有一个人来娶。当地有一种风俗：以求婚用牛的多少来判断姑娘的美丑，最贤惠漂亮的需要九头牛。可是，老汉面对这个不争气的女儿，标准降低了，哪怕别人给两牛头，他也答应。

可是，没想到，一天，一个外地的青年前来对老汉说："我愿意用九头牛娶你女儿。"老汉一听以为这个外地人对女儿不了解，没有轻易答应。可是年轻人很认真，几天后就牵来了九头牛。

老汉喜出望外，就把女儿许配给了他。虽说女儿结婚了，可是老汉心中七上八下，既担心女儿被休，又担心女儿受气。老汉因为担心寝食难安，他决定去远嫁他乡的女儿家看个明白。当他到女婿家中时，没想到，女儿不仅会做美味佳肴，而且变成了知书达理、气质脱俗的女子。老汉十分惊讶，就偷偷地问女婿："你是怎么把她调教得这么有出息的？"女婿回答："我可没调教她，只是始终坚信你的女儿值九头牛的聘礼。她嫁过来后，也一直按照九头牛的标准来做妻子。"

原来如此，老汉想想以前自己对女儿消极的态度，十分后悔。

每个部门中都会有一些像老汉的女儿这样的员工，如果管理者对他们丧失了信心，会直接打击他们的进取心。因此，不可遗弃、冷落他们，而要适当地激励他们。这样也许会收到意想不到的效果。

2. 给员工平行换岗的机会

那些业绩平平的员工虽然在本岗位并不突出，可是在其他岗位也许就会表现优异。每个人的能力总是有限的，因此，可以根据他们的爱好和特长，给他们平行换岗的机会，让他们学习不同的知识，以更好地运用自身技能。平行换岗，也是帮助员工探索与发展自身能力的良好机会。

这对员工了解公司、了解他人是很有帮助的。员工到了不同的部门，由于没有条条框框的限定，有时还会提出一些非常新鲜、视角独特的建议。也许在做好这些工作的同时，他们的自信心就树立起来了。其他人也会发现他们有价值的方面，重新看待他们。如此，他们不仅换了工作，也赢得了他人对自己的认可。

3. 搭建交流平台

越是业绩平平的员工，越需要学习他人的先进经验。因此，管理者要积极为他们搭建互相交流的平台。如果员工彼此的经验、体会和想法能够交流与分享，对员工之间的发展与学习也是很有利的事情。现在有不少的公司在做“交流午餐”“每周一聚”等，都是很有效的。

4. 整合技能

员工之所以业绩平平，是因为他们在某一方面和其他员工相比不占优势，可是，如果对他们所拥有的资源、技能进行整合呢？那样他们的综合能力增强，就会战胜某一方面能力单一的员工。

在每个员工的发展道路上，都会遵循这样的原则：有50%的发展来自他自身的努力；有40%来自他周围的同事、老板、客户等接触的人的帮助；有10%来自他参加的培训、研讨会所掌握的知识与技能。因此，如果我们把这些“低潜质”员工每天掌握的资源进行整合，你会发现，即使是一个再不起眼的员工，也拥有一大笔资源财富。这些财富对他的发展有着不可估量的作用。

因此，管理者要学会对他们的能力和资源打包整合，变换一个角度任用他们，评价他们，这样做比单纯的管理手段和绩效考核方式，更能鼓舞他们的信心，帮助他们发展提升。

个性员工个性化管理

不论部门大小，员工们都会各具个性，各具特色。特别是在这个提倡个性的时代，员工们的个性更是既缤纷绚丽，又让人感到无可奈何。

比如，现在的“95后”员工大多是独生子女，家境良好。男员工染头发是经常的事情，女员工也许就会穿吊带装上班。如果批评他们，他们会认为领导是“老古董，跟不上时代”。

一般来说，个性员工是指企业内具有以下表现的员工：一是性格怪异、喜欢走极端；二是行为偏激，如着装、打扮过于另类；三是过于自我，我行我素，置企业规章制度于不顾；四是情绪忽冷忽热等。比如，有些员工性格冲动，为一点小事就和他人产生冲突；有个别员工因为对某些领导看不惯，就固执地我行我素，不合作，不愿意采纳他们的意见。也许不等老板炒他们，就先“炒”了老板等。

为此，管理者们感叹：员工越来越难管理了。特别是对于那些个性员工不知应该管还是不管，应该怎样管？因为很多个性员工都是有能力的员工，而企业又很需要他们的才能，所以，管理者对个性员工既“爱”又“恨”。

其实，管理者们大可不必为遭遇个性员工而烦恼。员工无论有何种个性，既然存在就有其合理性。而且，任何一名员工都有自己的个性，只不过作用不同，表现形式不同。如果我们换个角度，重新审视员工所表现出的个性就会发现，其实有些个性并不会破坏企业的团队凝聚力。从某种意义上来说，正是因为这些员工千姿百态的个性存在，才使企业没变成死水一潭，更加具有创新性和活力。

这就需要对个性员工进行分析，根据他们个性的表现方式与影响，再采取管理办法。

首先来分析员工个性表现的原因。一般来说，员工之所以要表现自己特立独行的个性，一是因为个人习惯所致，比如，员工天生爱漂亮、打扮等；二是因为工作环境导致；三是员工对企业丧失了信心，觉得公司没有值得留恋的地方，于是在言行表现上就显得毫无顾忌。

如果是因为个人习惯所致的个性表现，这类个性就要根据企业经营类型进行管理，不能一概而论。比如广告公司、咨询策划公司等，对着装打扮的标新立异就不太苛求，反而认为是员工敢想、有创造力的表现。而在其他一些不是纯创意的公司中，管理者就会认为与公司的制度、文化相冲突，因此有必要对他们进行引导和约束。员工的个性也是有“弹性”的，如果没有约束，员工可能就表现得散漫一点；如果有约束，员工可能就收敛一些。

如果是因为工作环境产生的个性表现，这种情况下比较容易“诊治”。比如，一些员工总是加班，身心疲惫，可是，领导又不理解他们，员工就会牢骚满腹，某些个性可能也会表现出来。此时，只要改变工作环境的某一项或某几项元素，就有可能使员工归于常态。比如，关心员工的个人生活，在工作的同时解决员工的后顾之忧等，提高员工的个人满意度。

如果是因为对企业失去信心所表现的毫无顾忌，这种情况就说明或者企业缺乏激励机制，缺乏凝聚力；或者企业前景黯淡。管理者不能简单地对之进行批评教育，要学会做个性员工的思想工作，帮助他们重拾信心。如果企业经营确实不佳，就放手让那些个性员工寻找更适合的位置。

另外，管理个性员工管理者要起带头示范作用，尤其在遵守企业规章制度等方面，必须率先垂范。如有些公司要求员工上班必须着职业装，但管理者却身着休闲装，这对员工就很难有说服力。因此，管理者平时要注意自己的言行，做企业内部“游戏规则”的遵守者，不能把自己等同于普通员工。

总之，管理者在管理员工时一定要明白，优秀的公司是培养员工的好学校，因此要保持一定的耐心去实施“改造计划”，帮助他们改造自身的不良习性，而不是简单粗暴地对待。另外，更要注意根据每个员工的特点，采取机动灵活的方式，激发其潜能，这样做才符合以人为本的管理思想。

团队跳槽严重怎么办

绝大多数员工决定跳槽是经过仔细考虑、权衡再三的，在这种情况下，我们的挽留措施如果不能击中要处，很可能是毫无意义。如果结局不像我们设想的那么圆满，他的离去已成定局，那么我们也只有大方地预祝他的事业成功，来个善始善终。

对爱跳槽的员工来说，其从业意识本身是无可厚非的，但很多管理者受传统观念的影响，认为员工应当“从一而终”“不事二主”，认为跳槽是品格方面的缺陷。持这种观念的管理者不在少数。

市场经济环境下，跳槽是一个十分普遍的现象，俗话说：“人往高处走，水往低处流。”在我们的部门里可能就有一两名“身在曹营心在汉”的员工，他们仿佛跳来跳去的青蛙，希望能越跳越高。对待他们的态度，不仅仅是领导个人的喜恶问题，它可能直接影响到部门的其他员工对于个人前途的打算。

也许是因为这种观念早已在国人的头脑中根深蒂固的原因吧，我们往往不能把单纯的经济行为放到单纯的经济关系中去评判。

市场经济可以自由流动，只要任何一方认为对方不符合自己的要求就可以“炒”掉对方。作为企业，希望员工长久为公司服务、奉献，这很正常，但这种希望已经失去了现实可行性。

随着对外开放力度的加大，西方企业中的一些新的思想开始在国内传播。许多外企都愿意招聘那些曾经有过很多工作经历的人，因为“跳槽”至少可以说是一种经验的累积。每到一个新工作环境，我们的工作能力、与人相处的能力等都会提高，所以只许雇佣“跳”来的员工，而不许自己的员工

“跳”走，实在有些不通人情。对人才流动应有一个正确的认识。可以说对跳槽行为正确的认识是我们有效管理爱跳槽员工的基础。

一般而言，喜欢跳槽的员工往往都有一技之长，他的离去可能会给公司带来一些损失，如果能在最后关头将人留住，应该说是圆满的结局了。对于员工的跳槽，管理者首先应当检视自己的行为，从自己身上寻找原因。管理者应当冷静而客观地分析一下是不是因为自己工作上的失误才导致了员工的跳槽呢？尤其是仔细回想一下是不是自己曾经给过他一些承诺而至今没有兑现？是不是作为公司一员应拥有的东西没有得到？是不是他没有得到与他的工作业绩相符合的回报？

不要认为大局已定而随便放弃了想要跳槽的员工，或许我们的补救工作成果出乎我们的意料，更重要的是不要让其他员工感觉自己的同事是因为受到不公正的待遇才迫不得已走掉的。所以，在日常管理中，这种自检工作应当是一项定期的工作，这样至少可以避免一些失误的出现。

对于能够挽留的欲跳槽的员工，管理者应该及时地做出一些主动出击的行为。在他仍犹豫不决之际，将他留住，这也许是我们挽留人心的最后一个机会。必要时和他谈一谈，在不与他谈及“跳槽”问题的前提下，和他畅所欲言。

我们可以讲公司的长期和短期发展目标，我们可以讲讲他所处部门今后将要面临的变革，我们甚至可以诚恳地肯定他为公司所做的工作和成绩，然后让他知道他在我们心目中的位置到底如何。在这样的循循善诱之下，燃起他对公司的希望之火，让他清楚地看到自己的未来。

我们还可以与他一同回忆我们曾经度过的快乐时光，或者告诉他一些我们不曾透露给他的公司为他制定的培训计划。“那个计划的大部分已经顺利完成，可惜后一半我们也许不可能再继续了，不过我们现在已经比刚来时成熟多了，各方面能力也确实提高了不少呀！”我们拍着他的肩，充满信任地望着他。在这种情况下，他很可能会惭愧地低下头，于是我们的挽留行动也就成功了。

另外，为了预防由于“跳槽”带给公司的一系列危害，我们最好在日常就做好一些法律方面的工作，减少公司的损失。

CHAPTER 09

第九章

搭建双向沟通之桥

有人说：管理就是意见沟通的世界。管理不仅需要管，在很大程度上也需要协调沟通。特别是在现代企业中，随着民主意识的增强，领导和员工个人应相互尊重，平等相处，沟通显得更为重要。

因此，管理者作为上传下达的桥梁，需要具备沟通协调的能力。这样才能更好地做到上情下达，也可以做到下情上达。通过沟通，同时也可以及时发现矛盾和冲突，在团队间搭建一座温暖舒心的桥梁。

管理者必须具备沟通能力

沟通是管理者的一项最基本也是最重要的工作。管理者和下属就某一个问题要取得一致的意见必须先通过沟通交换思想。不仅管理者想了解员工的思想情绪需要沟通，而且了解下属工作中的问题也需要沟通。沟通顺畅，对于促进团结、正确决策、协调行动、凝聚人心非常重要。如果上下级之间缺乏沟通或者沟通不畅，相互之间就会产生误会，部门之间也会出现各自为政的局面。彼此向不同的方向用力，即使用尽九牛二虎之力，也无法使企业前进一步。因此，具备良好的沟通能力是现代企业中的管理者必备的素质之一。

有些人认为沟通不就是说话吗，说话谁还不会。这样理解就大错特错了。沟通不是一种本能，而是一种能力。没有人天生就具备沟通能力，即使那些天生口齿伶俐的人也并不代表他们的沟通能力十分出色。沟通需要在工作实践中培养和训练。

工作中，你是否发现下属有执行命令不到位的情况。尽管他们费尽了九牛二虎之力，结果却与你想象的差距很大。这是为什么？也许就是沟通不到位引起的。比如，向下属布置工作时，你认为自己表述得很明白，可是下属却没有听明白；还有一种现象是，下属找你谈一些问题，可是你偏偏自以为是，武断地认为自己听明白了下属的意思，提前打断他们的谈话，引起下属的不满和埋怨；再有，向上司汇报工作时，你认为自己汇报得一清二楚，可是上司仍然一头雾水。这些都说明你的沟通存在问题。由此可见，练就沟通的能力是多么重要。

现实中，很多管理者多是从一线工人或技术专家提升的，当他们担任领导职位时，很有必要认识沟通的重要性，提高自己的沟通能力。

沟通为什么如此重要呢？

从企业的发展来看，一个组织的健康程度主要取决于信息传递的速度和失真度。然而，目前在大部分组织中存在以下三个方面的问题：

一是向下沟通不畅。具体表现在组织的决策和高层的意图不能尽快地让员工理解和执行。

因为有些管理者教条主义严重，只是充当传声筒，不考虑自己部门的实际情况进行具体工作安排，以至于员工感到无所适从；还有些管理者在传达上级的指示时，歪曲信息，欺上瞒下，结果使上级领导和基层员工之间产生冲突。领导的指示若要尽快、全面地贯彻下去，就需要有力的沟通方法和途径。而管理者担负着向下传达的重任，如果对上级的指示传达不力，员工又怎能执行到位？

二是向上沟通不畅。一线员工的心声、市场信息以及客户意见不能直接有效地反馈到高层。特别是员工对管理者的意见不能及时真实地反映上去。有些管理者担心员工的意见会给领导造成困扰，因而独断专行，阻塞言路，使得下情不能上达。等到有一天怨声载道，高层领导还不明白是为什么。这样甚至有可能导致决策层对企业内外环境产生错误的判断，从而做出错误的决策，这对于团队的发展来说是致命的打击。

三是平行沟通不畅。部门管理者之间缺乏有效的沟通和协调，各自为政。需要共同作战时配合不力，相互推诿的现象严重。导致这些现象的关键原因就是管理者缺乏沟通能力或者沟通方式不恰当。

“沟通”是一切成功的基石。如果你想成为真正受人尊重的管理者，就要多花些时间、精力，学习和增强与人沟通的能力和方法。

沟通要破除自我意识

在和他人进行沟通的过程中，很多人都倾向于从自以为是的推理出发判断他人的言行，这就是自我意识的表现。结果，自己出于好意的一番举动，反而可能会给别人带来莫大的困扰。

一位生物学家想实地观察一下幼龟是怎样进入大海的，于是他来到南太平洋的加拉巴哥岛。那里，一般四五月间，小海龟会离巢而出，争先恐后爬向大海。

一天，有几个结伴旅行的游人也来到这里。他们发现在一处大龟巢中，有一只幼龟率先把头探出巢穴，似乎在侦察外面是否安全。突然，一只鹰袭来，用尖嘴啄住小海龟的头。看到小海龟就要成为鹰的食物，其中一位旅行者抱起小海龟。

生物学家还没来得及阻止，他就把小海龟引向了大海。顿时，成群的幼龟从巢口鱼贯而出。原来，那只小海龟是龟群的“侦察兵”。现在做侦察的幼龟被引向大海，巢中的幼龟也争先恐后地爬向大海。

沙滩上无遮无挡，很快引来许多食肉鸟。顷刻之间，数十只幼龟已成了鹰、海鸥的口中之物。看着数十只食肉鸟饱餐一顿，发出欢快的叫声，旅行者都低垂着头。

旅行者好心办错事就是他们自以为是，没有和生物学家沟通，更不了解海龟的习性的结果。

有些管理者也是一样，在和他人的沟通中有强烈的自我意识。在工作中有强烈的自我意识可以使自己迅速果断地作出决定，然而在沟通中，如果自我意识过于强烈，就会造成一意孤行，无法达到沟通的目的。

有一次，拿破仑的一名私人秘书身染重病离职休息，他需要临时招募一名秘书。最终，经过激烈竞争后，陆军部一位先生被选中。可是，没过多久，这位先生就垂头丧气地回来了。为什么呢？

原来，他来到拿破仑的办公室后，拿破仑示意他坐在椅子上，然后就自顾自地说了一些含混不清的词语。这位先生不知拿破仑在嘟哝什么，以为与自己无关也没在意。

不料，半小时后，拿破仑突然走到他身边说："你，把我刚才所说的内容重复一遍。"这位先生顿时张口结舌。拿破仑见状暴跳如雷。可怜这位先生秘书的椅子还没有坐热，就被拿破仑的叫骂吓破了胆，此后一连五天卧床不起。

秘书之所以惹得拿破仑动怒，就是因为他从自己的主观意识出发来考虑问题。

遗憾的是，在实际工作中每个企业都存在一些这样的管理者，他们要么置领导的意图于不顾；要么自己理解的与领导的本意相去甚远。这样一厢情愿来揣测领导的下属，连领导说的什么都弄不明白，又如何能和领导沟通到位？如何能做好领导分配的工作？

沟通不是单方面的，既然是与他人沟通，就要耐心地倾听对方的意见，就要学会换位思考，站在他人的立场和角度思考他人要说明什么观点。

一天，公司策划部的小麦兴冲冲地来找管理者，他兴奋地把自己加班加点花费了一周时间设计出来的家装图纸拿给管理者，兴致勃勃地说："您看，我改变了设计的传统思路。这种手绘图案采取流线型设计，既时尚又简约，给人一种感官上的享受。这次客户肯定会满意……"

可是，不等小麦说完，管理者就不耐烦地收起设计图纸说："任何事情都不像你想象得那样简单啊！"小麦感到莫名其妙。

原来，管理者早已为小麦贴上了"不踏实""不实用""标新立异出风头"的标签。现在看到小麦，管理者心里的声音是："瞧，他又来了！又在浪费时间。"在这种思维的影响下，他当然听不进去下属的话。

结果，第二天，小麦来告诉他：“我今天要向您提出辞职。我辛苦设计出来的方案，您根本不重视。我想我没有办法在一个不受尊重的环境中工作。”

后来，小麦将这个设计方案带到了竞争对手那里，竟然引发了一股家装手绘的热潮，给小麦原来的公司带来了不小的冲击。小麦部门的同事都埋怨管理者不具慧眼。后来，高层领导知道了，也对这位管理者的用人能力有所怀疑。

每个员工的性格不同，表达自己思想感情的方式也会不同，如果管理者不明白这一点，总是站在自己的立场，用自己主观的思维模式来看待员工，就谈不上沟通顺畅。

其实，不论在和上司还是下属的沟通中，管理者都要学会换位思考，站在对方的角度去考虑问题。在和下属的沟通中，管理者更需要试着体谅和理解下属，深入了解下属的苦衷。因为下属是被管理者，他们在领导面前不会像上司那样直接表达自己的意见，即便对管理者不满也会暂时掩饰自己的情绪，甚至放弃沟通。如果管理者忽略了这一点，还沉浸在主观臆断、有先见之明的自得其乐中，那么很难和员工有良好的沟通。

失去一个员工，也许管理者认为无所谓。可是这正表明管理者在沟通方面有缺陷，是不称职的。如果不加以改进，也许会失去更多的员工。因此，身为管理者，一定要撇开自己的偏见，试着站在上司或者下属的角度去看待问题，倾听上司和下属对自己的意见和评判，这也许可以提醒自己突破自我意识，重视沟通技巧。

善于倾听才能有效沟通

沟通不是自说自话，沟通的第一步就是听。如果不善听，就会带来沟通上的失误。因此，懂得听且听得懂，才能谈得上有效沟通。

职场上，管理者更要重视倾听。如果不懂得倾听，就听不清楚领导交办的事项，就无法条理清晰地将工作安排下去；不懂得倾听同级之间的意见，合作就容易产生间隙；若不懂倾听下属的想法，就无法很好地接受下属回传的信息，自身或团队的行动就无法协调一致。因此，在沟通中要善于倾听。只有通过倾听，你才能知道对方的真实意图，才能让对方真正接受你的意见。只有学会倾听，才能拉近自己与员工之间的距离。

一般来说，成熟的管理者都非常重视倾听的作用。

玫琳凯曾在《玫琳凯谈人的管理》一书中谈及倾听的重要性时这样写道："我认为不能听取下属的意见，是管理人员最大的疏忽。"玫琳凯的企业之所以能够迅速发展为拥有众多美容顾问的化妆品公司，其成功秘诀之一就是她十分重视"倾听"员工的意见。这一点，玫琳凯女士不仅严格要求自己做到，并且要求所有的管理者都铭记并且落实。

谈到听，很多人认为听是一种被动的行为，其实，听者对于交谈的投入绝不亚于谈者，善听是积极的行为。

比如，上级领导要下属去对一个生产车间进行调研。因为这个车间浪费严重，因此需要弄清楚状况，查清楚问题。那些善于听的管理者就能从领导的布置中想到领导需要的是改善的方案和意见。因此，他们会进行细致的分析研究，在一份完整的调查报告后面附上自己的看法和建议。千万不要认为那样做是越俎代庖，那正是领导所希望的。想一下，领导的职责是什么？解决问题。如果他们只是需要调查真实情况，拿一架相机拍下来不就可以了吗？同样，管理者也是领导，如果不能针对问题提出改革和加强管理的意见和建议，无论你进行了多么细致的调查，情况摸得多清楚，问题查得多准确，上级领导都不会满意，甚至会认为你的主动性太差。

因此，善听不仅需要带上自己的耳朵，更重要的是带上自己的大脑，需要有超前思维。千万不能把领导布置的任务当成新闻一样如实报道给听众，而不加任何评论。

至于传达领导命令时更需要正确领会领导意图，准确无误地传达。此时更需要善听。因为领导交代任务，往往就是简单的几句话，有时可能让人摸不着头脑。如果你对领导意图似懂非懂，便想当然去办事，结果事办完后很可能与领导的要求南辕北辙。此时，更需要用心去听，用脑去思考，结合目前的工作实际做出正确的判断。

至于对下属，也需要用心去听。有些管理者在和员工沟通时往往不等员工说完就摆手或者埋头处理自己的工作，这些肢体语言会让员工感到上级并不尊重自己的意见。现实生活中有这样的情况：听者不在意对方说的话，虽然装着在听，其实在考虑其他毫无关联的事情，只是在敷衍着听，等着对方快点说完。这样只会让说者反感。因此，在和下属的沟通中更要注意专心、专注，不要让他们对自己产生误会。

不论在和上司还是下属沟通，以下几点有助于你更好地倾听：

1．首先，要表现出很愿意听的神态。高效率的倾听者清楚自己的个人喜好和态度，因此，他们会专注地听，不因外在事物而分神，也不因内在状态而分神。他们会避免几个不良习惯，如挑剔存疑的眼神、不屑于听的表情、坐立不安的模样、插嘴等。

2．要有耐心，按捺住你表达自己的欲望，鼓励对方尽情表达出来。因为把自己的想法说出来并不是目的，管理者真正的目的是使下属接受自己的观点，让下属与自己针对某个问题达成共识。只有首先获知下属的想法，管理者才会使自己的说法更有针对性。

3．适时地对下属的话进行反馈。使用简单的语句，如“我明白”“是的”“有意思”等，或者通过“说来听听”“我对你所说的很感兴趣”等话语，来鼓励说话者谈论更多内容。这表明你正在认真倾听，是对下属最大的尊重，能够与下属这样沟通的上司会极大地调动下属的积极性，甚至激发出一些有价值的“火花”。

4．将对方的讲话重点记录下来，从中找到有益的观点和建议等。在说话者的信息中寻找感兴趣的部分，这是获取新的有用信息的途径。这种做法在对上司和下属沟通时都可以使用。

5．反复分析对方在说什么。设法把听到的内容和自己联系在一起，判断有无言外之意。这一点通常用于和上司沟通时。

6．多听少说，可以适时发问但不可妄下断语。要让对方把话全部说完，再下结论。好的倾听者不急于做出判断，而是能够设身处地地看待事物。

有效的倾听并不是一种与生俱来的本领，而是在实践中锻炼出来的。如果你遵循上述各项建议，并确实设身处地为对方着想，专心听别人说话，你的沟通实践就成功了一半。当下属意识到自己的谈话对象是一个倾听者时，他们会开诚布公地给出建议，分享情感。这就有助于管理者和员工共同创造性地解决问题，使信息分享对组织产生正面的影响。

和上司沟通，方式很关键

一般来说，和上司沟通包括自上而下的沟通和自下而上的沟通两种方式。如果是领导对下发布指令、布置任务就是自上而下的沟通；如果是下级向上级汇报请示，就是自下而上的沟通。不论是何种方式，在和上司的沟通中都要掌握一定的方法和技巧。

1. 自上而下的沟通方式

在和上司的沟通中，正确理解他们的意图十分重要。如果理解不清就去执行，往往无法执行到位。

很多公司经常出现这样的问题：领导把任务交代给下属，下属回答明白了，可是在执行环节出现了偏差，这是为什么？就是因为下属没有正确理解领导的意图。这样既影响工作效率，也会引起上下级之间的误会。

你是否也遇到过这样的情况？如果回答是肯定的，这就表明你在与上司的沟通中存在欠缺。

如果自己对上司发布的指令、布置的任务确实一知半解，那么，一定要问清楚。这并非表明自己理解能力低。

有些时候，管理者们可能因为负责市场开拓工作，在企业内部的时间较少，并不清楚近期发生的一些情况。那么就更需要问清楚自己不懂的地方，即便是细节问题也不容疏忽。如果连自己都不清楚，员工在执行细节上就会大打折扣。

对上司的命令准确无误地理解后，还要用自己的语言复述一遍，这也是必不可少的。这一点可以用船员们的亲身经历来说明。在海上航行时，当船长发指令说“左满舵”时，轮机手通常会回答“满舵左”。他并不是重复上司的指令，而是从另外一个角度表达自己的理解。只有下属能够结合自己的工作实际，把理解的意思用不同的方式进行反馈，上司才知道下属是否真正理解了自己的意思。另外，下属应当对上司做出回应或者给出明确的答复，也便于他们安排下一步的工作。

和上司的沟通并非仅限于深刻领会他们的意图，在工作中还需要继续沟通。如果在完成任务的过程中，需要其他部门的人员配合或者需要动用公司其他资源时，也需要告知上司；如果本部门不能按要求完成任务时，更需要告诉上司。让他们了解情况，以便及时出台补救方案。

最后，在工作完成后还要向领导汇报总结。这样才算完成了沟通的全过程。

2. 自下而上的沟通方式

如果是自己主动和上司沟通，更应该掌握一些有效沟通的技巧，比如：

（1）约定沟通的具体时间。提前与领导预约，可以确保他们安排正式的时间会谈，以便得到最佳的反馈。

（2）谈话前做好充分的准备。领导的时间都是宝贵的，为了使沟通达到良好的效果，最好提前做好充分的准备。必要时要有针对性地收集相关信息，对现有的材料进行取舍，以便找到具有说服力的论据来支持自己的观点。

（3）有的放矢。有些人在与领导进行沟通时，常常会碰到这类情况——领导一边干别的工作一边听他讲，表现得心不在焉或显得不耐烦。如果遇到这种情况，你不妨想一下，你所说的是否正是领导想听的？

如果不是，要考虑一下领导想从你这里了解什么，甚至会提出哪些理由来反驳你。经过通盘的考虑之后，明白了领导关注什么，你才能说到关键处，沟通才会有的放矢。

（4）克制情绪冲动。在和领导的沟通中，他们说的某些话可能会让你无法忍受。此时，切记要克制自己冲动的情绪。对此，“两秒钟原则”就是一个不错的办法。开口之前在心里默数到二，停两秒钟再说话，以避免你不自觉地说出一些不必要的或者过分的言语。

总之，沟通包括很多方面，也有许多技巧需要掌握。如果你在工作中想引起领导的重视，一展才能，就必须重视并且运用好这一职场利器。

部门间沟通，同理心很重要

部门间沟通就是为了共同协作，有效降低企业内部的交易成本，顺利实现企业目标。部门间如果沟通到位可以融洽部门间的情感、增进组织的活力、达成共识。

可是，每个部门管理者在合作中又会考虑本部门的利益得失，有时难免会出现相互扯皮和推诿的现象。因此，部门间的沟通首先需要管理者有同理心，能互相理解，能换位思考。这样才能达成共识、相互配合。

要达到这样的目的，下面几点是需要注意的：

1. 有大局观

同理心沟通最基本的要求是应具有大局意识，有共同的目标。

虽然每个部门都有需要实现的小目标，可是这些小目标都要围绕着实现公司的大目标来进行。因此，协作中有时需要牺牲自我利益，牺牲局部的利益。管理者们对此要有充分的认识。这样才能形成合作的共同基础。

2. 有责任感

由于各级管理者担负的职能不同，责任的要求也不同。对高层管理者而言，能站在行业的高度引领公司发展的方向就是他们的责任；对中层管理者而言，能站在公司整体利益的视角担负起部门的使命，就是他们的责任；对基层管理者而言，有使命感，能率领员工完成任务就是他们的责任。

如果部门配合涉及以上不同层级，更需要各级管理者明确自己的责任。在分工明确、各负其责的基础上进行配合，各部门就不会相互推诿责任了。

3. 相互尊重

在沟通中要相互尊重，只有给予对方尊重，合作才能愉快、顺利。沟通中的“同理心”，就是要学会换位思考，能站在别人的角度来看问题，听明白对方在说什么，理解对方的表达意图和表达方式，甚至能理解对方言语背后隐含的意识。因此，即便对方的观点不对，也要让他们全部表达完整，不能粗暴打断，更不能讽刺打击。这样才能称得上相互尊重。

另外，沟通中的“同理心”也要求对方能理解自己。若对方不尊重自己时，可以适当地请他们注意，否则彼此都没有“同理心”，就很难沟通了。

4. 灵活适应性

部门沟通需要具备高度的灵活适应性，要围绕实现企业的大目标灵活调整自己的行为，尤其是当有些部门不了解或者不支持企业的一些变革，企图阻碍时，自己要首先做出表率。

有家公司每到月底，财务结算总是无法正常反映本月的收支情况。因为人力资源部总是到每月最后一天才发工资，结果财务部的收支工作只能推迟到下月进行。

经理为了对每个月的收支情况做到心中有数，于是提议人力资源部提前两天结算职工的工资，以保证财务部的结账时间也可以提早两天。这本来是需要部门配合的事情，可是人力资源管理者提出了异议，因为这样一来他们的工作程序全部被打乱了。他不知道，对那些没有工作到月底的工人工资如何结算？

后来，人力资源管理者了解到经理的决心已定，于是经过考虑率先让步，调整了工资发放周期。同时让下属各部门对月底两天的工人出勤情况进行摸底，以便发工资时核对。这样一变，他们发现员工出勤虽有意外情况，但为数极少。

最终，人力资源部做出了薪资发放程序的调整，保证了经理制订的大目标的实现。

这种灵活适应性也是符合“同理心”沟通的。同理心不是要把对方驳倒，而是要达成共识、解决问题。如果部门间沟通时不是基于同理心而是基于本位主义，就不利于大目标的实现。因此，带着一颗“同理心”去交流，各部门之间就会互相谅解。

5. **克服路径依赖**

既然是沟通协作，就要克服路径依赖。

心理学研究表明，人们一旦选择进入某一路径（无论是“好”的还是“坏”的），就可能对该路径产生依赖。我们在工作中也是如此，如果已经习惯了某种工作状态或工作方式，也会对这种状态或方式（无论是好还是坏）产生依赖性。可是，好的路径会起到正面的作用，不好的路径会起到负面的作用，人们的思维创造力可能会被锁定在某种低层次状态下，甚至失去进一步改良的冲动和热情。

因为部门间的沟通主体是部门领导。如果部门领导一贯坚持同理心交流，该部门的所有成员自然会受到潜移默化的影响。

因此，在部门间沟通时管理者们不能总依赖习惯的路径做出选择，可以多倾听一些对方的声音，争取和对方达成一致，这样对员工也会起到好的影响。

总之，在部门协作中坚持同理心沟通能促成大家形成全局观，抵制那些不顾大局的行为。这种全局意识能为各个部门的工作导航，并可长期适应公司的发展方向。

聪明的管理者都会讲故事

如果你认为只有在孩子睡觉前才需要讲故事，那可就大错特错了。那些世界上鼎鼎有名的公司老板，都钟情于讲述引人入胜的故事这项独特的艺术。

乔布斯最擅长讲故事，乔布斯在斯坦福大学做演讲时，只说了三个故事，却让台下听众如饮甘露。

俞敏洪讲故事说自己是“北大最不可能成功的人”，当年多么“土鳖”，多么不受女同学待见。

作为世界十大最受尊敬的知识型领导、世界最出色的200位管理大师之一的斯蒂芬·丹宁，曾这么说：“经过多年的研究和实践，我发现讲故事能够达到多种目的，包括激发行动、展示自我、传播价值观、鼓励协作、消除谣言、分享知识和勾画未来等。”他享有“故事大王”的美誉，不仅善于讲故事，而且极力推崇管理者应通过讲故事的方法提高领导力。

丹宁的观点已被知名企业的领导阶层所普遍接受。为使管理人员掌握绘声绘色讲故事的技巧，IBM管理开发部专门请来在好莱坞有15年剧本写作和故事编辑经验的剧作家担任顾问，向管理人员介绍好莱坞的故事经验；宝洁公司聘用好莱坞电影导演，培训高管如何更好地讲故事；3M公司禁止罗列要点，而是要求在行文中“以战略方式叙事”——管理者战略上指导的故事。

为什么他们那么钟情于讲故事?

与趾高气扬地发号施令和苦口婆心地讲道理相比，讲故事的方式更容易被人接受。故事能在你与听众之间迅速建立一种情感上的联系。人们在听故事的时候会放松精神，享受其中的乐趣，并且会放下戒心。因而，故事更能触动人的内心。

《会讲才会赢》一书的作者彼得·古博则讲得更加直接：“数据、幻灯片或堆满数字的表格，并不能激发人们采取行动。打动人心的是情感，而要使人们对你设置的议程产生情感联系，最好的方式便是以‘很久以前’开头。”

下次，当需要诠释公司文化时，需要解决问题和决策时，需要纠正与指引员工行为时，需要推动企业变革时，需要制定策略规划时，需要提升自身形象时，不妨用一个生动的故事，巧妙地将思想传递给下属。

1. 讲什么样的故事

诺尔·迪奇是美国密歇根商学院的教授、全球领导力项目主任、通用电气公司克罗顿韦尔领导力发展中心的前任主席，他归纳出企业领导常用的三种故事类型。

第一类故事叫“我是谁”。通过讲述自己感人的经历和成功的经验，和下属进行心灵上的共鸣，并激发员工的积极性。

从小时候看父亲捡砖头，到他苦哈哈地参加高考，再到北大“屌丝”的自卑寂寞……俞敏洪的故事总是给人启示、催人奋进。一次在谈到领导力时，他讲了一个有趣的故事：

“小时候我个子小，老有人打我，领导力是从分水果糖开始的。六姨从城里带来了水果糖，我就分给小朋友吃，他们就不打我了。后来改一个月分一次，一次一颗糖，他们就都听我的话了，我就成了小朋友的头，没人再敢欺负我。这些全被我用在新东方的管理上了。我感觉我的领导力是在18岁以前就完成了。新东方现在有新股份就会分给员工和老师，因为有新的利益要学会跟别人分享。要团结大多数人和不和谐的声音作斗争。”

你是谁？你来自哪里？你有什么经历？你想干什么？通过了解“你”的故事，员工们不只是把你视为一位上司，还会把你当作一个很好的朋友，愿意与你风雨同舟。

第二类故事是“我们是谁”。通过讲述“我们”的故事，激发团队协作精神，促使全体员工心往一处想，劲往一处使。

惠普公司在创建50周年之际，聘请专家在公司上下收集了一百多个企业故事，其中《惠利特与门》流传最广：

“惠利特是惠普公司的创办人之一，一天他发现通往储藏室的门被锁上了，于是惠利特把锁撬开，在门上留下了一张便条，上面写着‘此门永远不再上锁’。”

这个故事告诉所有惠普人：惠普是重视互信的企业。说“我们”的故事，能够增强团队凝聚力。

第三类故事是“我们向何处去”。通过描述美好的未来，勾画现实和梦想的差距，激发公司员工实现梦想的热情。

福特汽车曾经改变了美国乃至全世界的生活方式，其创始人亨利·福特在这一过程中最喜欢讲的故事是“使每一个人都拥有一辆汽车”：

“有一天，我开车经过底特律市郊，看到路边一位车主正为抛锚的福特车苦恼。

“于是，我下车去帮忙，很快就把车子的问题解决了。

“车主看见车子修好了，很高兴，立刻从身上掏出5美元给我。他说，拿去买包雪茄吧！

“我说，我不缺钱，我很乐意帮你把车修好！

“没想到车主指着我的座驾，笑着说，别吹牛了，你要是不缺钱，何必像我一样开着福特车到处跑呢？

“我听了，并不觉得生气。因为我最大的梦想就是要让美国人都买得起车——哪怕他并不富有。”

梦想具有力量，让人变得上进、坚强，不达目的誓不罢休。就像《梦想的力量》里所唱的：“那梦想给予力量，让我变得更坚强。眼中的光芒充满了希望，是对未来的渴望……不断挑战自己，再大风雨都不能停。攀最高山顶才有最美的风景！”

2. 如何成为故事大王

（1）充实故事库

有句老话叫“熟读唐诗三百首，不会作诗也会吟”。讲故事也是如此，先从熟读故事开始。

如果你的大脑里装了很多故事，你需要时就可以信手拈来。慢慢地，你就能自己改编与创作故事了。

怎么才能记得住呢？博闻强记的林肯告诉我们一个方法，那就是读书时高声朗诵。他说："当我高声诵读时有两种功能在工作。第一，我看见了我所读的是什么；第二，我的耳朵也听见了我所读的是什么。因此，我可以容易记忆。"

（2）让思想契合理念

这里所说的思想是故事的中心思想，理念是指领导所要宣扬的理念。领导讲故事往往具有很强的目的性，希望引导和促进员工朝自己希望的方向转变。因此，故事的中心思想要与宣扬的理念高度契合，不能不搭界，更不可有冲突。

至于那些无厘头的段子、花边新闻，闲谈时博人一笑尚可，在正式或半正式的会议、谈话中就要慎说了。

（3）故事要生动有趣

同样一则故事，有的人讲得生动有趣，而有的人却讲得干巴巴的。前者让听众兴致盎然，后者让听众感觉索然无味。

要把故事讲得生动有趣，除了选择或编写有意义的、情节生动的故事之外，还要重视语言表达的技巧。譬如，如何用生动的语言讲好故事的引子；如何用巧妙的语言设下悬念，牵动听众的心；如何做精彩的描述并配合肢体语言，把人物的神采风貌栩栩如生地再现在听众的眼前；等等。这类技巧，可以通过向别人学习，多收听广播，多读报刊上的连载小说等，从中得到借鉴或启发。

CHAPTER 10

第十章

激励团队，奋发向上

团队，是企业经营成功的保证。如何让团队去夺取胜利，靠技能和才干吗？不全是，还需激发他们的积极性，让他们充满热情地投入工作，并且自动自发地奉献自己的聪明才智。要达到这样的目的就离不开激励。

激励是持续激发动机的心理过程，是推动人们持续努力朝着一定方向和水平从事某种活动的过程。“水不激不扬，人不激不奋”，激励是组织充满生机和活力的源泉。激励的水平越高，对方完成任务的努力程度越高，取得的工作绩效也越高。

管理者有激情，员工有热情

作为管理者，谁都希望自己的企业中充满有活力的员工——身体健康强壮，精力充沛，情绪稳定。可是，在我们的身边，时常看见一些缺乏活力的员工，他们情绪低沉，萎靡不振，懒散而没有干劲。员工们的活力哪里去了？为何未老先衰呢？企业中高层管理者大多数都被员工失去活力深深困扰着。而要激发员工的活力就离不开激励。

激励员工首先需要管理者自己充满热情和激情。管理者有激情，员工才能有热情。因为在一个组织中，管理者的状态对整个团队有着很大的影响。如果管理者是一位比较沉闷的人，那么再活泼的员工也会小心翼翼，甚至会不自觉地“模仿”领导；如果管理者热情洋溢，充满激情，那么下属工作起来也会充满激情和热情，形成你追我赶、积极向上而又快乐轻松的工作氛围。因为，榜样的力量是无穷的，管理者个人的举止其实就是下属模仿的对象，是无声的命令。

纵观各大知名公司，很多优秀管理者对待工作都有一种令人仰慕的激情和热情，如我们熟知的微软的比尔·盖茨和鲍尔默。他们不仅对工作十分投入，而且演讲时也是激情澎湃，仿佛可以“点燃”每一个人的热情。

在互联网上，曾有这样一段视频广为流传：在一个充斥震耳欲聋的音乐声的讲台上，一位身材高大、头顶微秃的男人在挥舞着手臂，并不时有节奏地大声喊着。随着他的高喊，台下的人们就像追星族一样激动，掌声、尖叫声汇成一片。

但是，台下的人不是普通的观众，而是员工，他们这么激动，是在追逐自己的明星经理——大名鼎鼎的鲍尔默。只见鲍尔默在讲台上，充满激情地喊道："我要送给你们一句话！"

"我爱这家公司！"

"是的！"全场又一次沸腾起来。

面对此情此景，一位在微软供职的年轻人无限感慨地说："我被鲍尔默调动得热血沸腾，如果让我去微软撞南墙，我都会毫不犹豫。"

这就是鲍尔默激情的感染力。在微软公司里，鲍尔默的确是一个充满力量与激情的管理者。他不仅充满对微软的激情，对工作的激情，而且还要把自己的激情传递给所有的员工。他曾经说过："我要让所有的人和我一起分享微软的产品和服务的激情。我想让所有的员工分享我对微软的激情。"

微软的成功固然有很多因素，而管理者善于调动员工的激情，把自己的激情传递给员工也是其中的关键。因为一个组织若想成功，需要组织中的每一个人都富有激情。员工能力再高，如果没有工作的热情和积极性，他们的才能也发挥不出来。毕竟，不是每个员工都能够做到主动自发地热爱工作，即便是发自内心的热爱，长期面对同一种工作、同一个岗位，也难免会产生枯燥和腻烦的感觉。

管理者的重要工作之一就是凝聚人心，激发员工工作的热情，督促他们发挥才能，最大限度地释放潜能。没有激情助人，就不能成为企业管理者。因此，管理者仅仅是自身充满激情还不够，还要懂得把自己的激情传递给员工，能抓住一切可以利用的场合调动员工的激情。这样才能打造出活力团队，让他们在工作中做出最大的成绩。这是很多成功的经营管理者共同的特征。

员工充满激情和热情，团队就充满活力。这样的团队更有利于员工工作、生活质量的提高。同时，这样的团队还可以感染那些心态消极的员工，促使那些工作绩效低、因循守旧的员工转变观念，带动他们向上攀登。

充满活力的团队可以最大限度地调动员工的积极性。当企业需要解决复杂的问题时，就可以从群体的共同努力中获得高于管理者个人智力的群体智力。这是取之不尽、用之不竭的智慧源泉。对团队实施恰当的激励可以激发团队成员所蕴藏的巨大能量，能够更好地完成团队所承担的任务。活力团队是产生新思想、新方法的土壤。

激情能唤起责任，能成就梦想，能创造奇迹。有激情才有超前思维，才有过人胆略。领导有激情，能带动下属的激情，带动团队的激情。因此，充满热情的管理者们，把你的活力带给下属，用你的激情打造一个活力团队吧。这是上司期盼的，也是众望所归。因为团队合作才是企业不断发展的推动力。

如何激发员工的自信心

在工作中，管理者经常会遇到这样的情况：工作经验不足的新员工对自己不自信，或者性格懦弱的下属工作中遇到了困难，茫然之中向你求助。此时，你又该如何做呢?

直接告诉他们解决对策吗？这种做法可以快速解除难题，但仔细想一想，这种帮助的方式并不正确，长此以往会扼杀他们自我解决问题的能力。

其实，每一位新、老员工都会在工作中遇到一定的困难。当下属在工作中遇到了困难需要上级帮助时，正确的办法应该是树立他们的自信心，让他们相信自己完全有解决问题的能力。这样才是管理者对下属负责的态度，才是帮助下属成长的正确方法。

1. “我相信你”胜过千言万语

一天，从财贸学校刚毕业不久的安迪被安排做一份市场部的开支预算计划。接到这项任务，她有些忐忑不安。她工作才刚满三个月啊！何况从来没有人引导自己做过这些。但是她又不能拒绝，因此硬着头皮应承下来。几天后，她心惊胆战地拿着自己做的财务预算来到领导面前，很犹豫地说：“我做的预算计划不知道是否妥当，因为从来没有独立做过。如果您感觉哪里不妥，就指出来，我把预算书拿回去重改一下。”

没想到领导告诉她说：“完全没这个必要。我认为你的计划很可行，并且我相信你有执行这个计划的能力。我看好你！千万别让这个锻炼自己的好时机错过了啊！”

“哇！”从领导的房间出来后，安迪眼睛发亮，脚步也异常轻松，她有一种想飞起来的感觉。她很庆幸自己遇到了这么好的领导。虽然她知道，自己的计划并不是十全十美的，可是领导的鼓励让她感觉自己完全有可能做得更好。

在员工遇到困难或者对自己不自信时，打气还是泄气对他们工作态度的影响是很关键的。有些管理者看到员工在困难面前垂头丧气时总会训斥他们：“没出息，废物一个！你怎么搞的，技术真差，你看别人也像你这样吗？”越是这样，员工越对自己没有信心。以后遇到困难也不敢面对了。而懂得激励员工，帮助他们树立自信心的管理者会向员工表示充分的信任，对他们的工作大胆肯定，果断地重用他们。“不错！下次一定要再加把劲做得更好！”就是这份信任，这份鼓励，极大地增强了员工战胜困难的信心，减轻了他们的心理负担，如此一来，工作任务自然能够更加顺利地完成，以后的业绩也会不断上升。

一句“我相信你”的话胜过千言万语。员工受到鼓舞会干劲倍增，热情倍增。也许他们完成工作的方式会别具一格，最终取得的效果会出奇地好。

2. 用以往的成功激励他们

在团队中有一些这样的下属，明明他们很有工作能力，可是或多或少的自卑感总像魔鬼一样缠绕着他们，让他们不敢相信自己，从而导致工作效率低下。

对于这种性格懦弱、不自信的员工，管理者可以通过他们以往的成功案例来鼓励他们。例如，“你来公司也有段时间了，你以前在某方面不是做得很好嘛！我相信你的能力。”这样直接表达自己的信任，让对方感知到这份信任就是鼓励他们的最好办法。

3. 用行动给予他们支持

通过语言向下属直接表达信任，固然是不错的方式，但言语过后更需要相应的行为来配合。基于此，管理者在向下属表达信任时，不要为了一定要达到某种效果而盲目开口，在之后的行动中也要保证与当初的言论一致。当员工确实需要指导时，要不失时机地给予他们指导和帮助，或者让在这方面有工作经验的员工帮助他们。假若你不能给出明确的解决办法，必定会增加下属对困难的恐惧感，更加使他们感觉束手无策。这时你一定要帮助下属树立战胜困难的信心和决心。

让他们觉得自己重要

身为企业管理者，要想让下属奋勇前进，就得遵循一条准则：让他感觉到自己很重要。

我们不要总是责怪别人，要认可他，鼓励他。

1. 你是最好的

认定一个人工作成绩的优良与否，会有多少种不同的看法？而对下属工作的奖励，又有着多少不同的方式？

魏兹曼准将任以色列空军司令时，由于当时以色列空军只创立了几年，其装备十分简陋，工作效率也难得到肯定。

魏兹曼当时就能记住空军中每个飞行员的名字，他时常以名字来称呼他们。而且他还清楚每个人的个人困难和兴趣，眷属生孩子，他不会忘记送花。他拟出了一个招募空军时所用的标语：空军要最好的。每当他拿起电话来，通常开始就是这样的一句话："嗯，中东最好的空军有什么消息？"他的下属官员也逐渐受到他的感染，尽管他们人数、装备都很少，但仍自认为是最好的。

在你的企业里，作为领导的你，只要把"你是最好的"这一理念传递给下属，你将会看到，为了不辜负你的期望，他们会做得更好。

2. 叫出下属的名字

作为上司，不要老是用"喂"来呼唤下属，否则久而久之，会让他感到不受重视，最好是直接呼唤他的名字。

当小孩出生时，双亲因为希望他将来能成功、幸福，千挑万选地为他命名。一个人从懂事起，不知道自己的名字被唤过多少回。历经几十年，由自己口中说出，手中写出，大家都对自己的名字有种莫名的感情，自然会非常重视它。然而，如此重要的名字有时会被人写错，或是领导无视它的存在，随口"你来一下……"被如此对待，没有人会心情愉快的。

因此，管理者要正确地记住下属的名字，呼唤他们时，不要"喂，你……"，务必要呼唤他的名字，而且尽可能亲切地呼唤，这是掌握下属情绪的第一步。

要想成为卓越的管理者，得将每个下属都看成一个完整的、活生生的个人。开始时，不管自己领导的团队有多大，在你四处走动时，至少能叫得出每个人的名字。有人说凯撒大帝能叫得出他军团里成千上万人的名字。他在平时喊着他们的名字，在战时他们心甘情愿地为他卖命。

激发潜力，提升能力

潜力，顾名思义就是“潜藏的能力”。

如一座静默无言的冰山，水面下隐藏着绝大一部分。人的潜力也是如此。英国著名组织理论专家里扬的研究发现，人们的潜在能力总是超过其授权机遇的。

忽视潜力，对于企业和员工来说，这都是一种莫大的浪费！

要想激发员工潜力，柳传志在联想经常使用的一招是“小马拉大车”。所谓小马拉大车，就是“重压”，是将一种超过能力的责任（大车）“压”给员工（小马）。

传统用人之法是量才适用、人事相宜，有多大的能力（指看得到的）的人就安排多难的事情。让小马拉大车，却反其道而行，用超负荷来锻炼员工的能力。

根据联想的经验，“小马”最好是具有丰富的知识、充沛的精力和强烈的进取心，但因工作时间较短而缺少经验的年轻人。虽然在经验上稍差一点，但他们受过良好的教育，知识面广泛，接受能力强，更重要的是，他们有着年轻人独有的本钱——做事热情有冲劲，积极向上有信心。

杨元庆就是一个很好的例子。1991年，27岁的杨元庆被柳传志任命为联想CAD部门的总经理。两年多的时间里，杨元庆将部门销售额从5000万提升到1.1亿，又从1.1亿提升到1.8亿。1994年3月，30岁的杨元庆被任命为电脑事业部总经理。在很短的时间之内，杨元庆重组电脑事业部，电脑的销量大幅度提升。2001年，杨元庆升为联想集团总裁兼CEO。2011年11月2日，联想集团宣布杨元庆将接任柳传志成为联想集团董事长。

在联想，类似于杨元庆这种“小马拉大车”，最终让小马成为骏马的例子很多。这已经成为联想的企业文化的重要组成部分。

记得“铁人”王进喜说过一句话：“人无压力轻飘飘，井无压力不出油。”压力使人充实、上进、成长。当然，这种压力也不能过大、过多。持久的超大压力，容易导致当事人出现焦虑烦躁、抑郁不安等心理障碍，乃至心理疾病。

每一个人都有一个“舒适区”，这个舒适区与自己的能力范围一致。在能力范围内，做起任何事来得心应手（舒适）。例如，能游500米的人在室内游泳馆游泳，他觉得很舒适。但要他去横渡大江，这是他从来没有做过的事，超出了他的能力范围。这个时候，他就有压力，感觉不舒适了。但他其实是有潜力的，你要做的就是将他推出舒适区，逼他去突破自己。

等到他走出舒适区，在大江里游过几次后，渐渐地掌握了横渡的技巧。于是，他的舒适区扩大了，因为他的能力范围扩大了。

表扬是一种积极的鼓励

人是需要被表扬、被肯定的。表扬是一种积极的鼓励、促进和引导。人们都有希望得到别人肯定的心理，这是人性使然。下属也一样，当他们工作取得一定的成就后，很渴望管理者的肯定和表扬。

善于夸奖，是管理者的一种管理策略。著名的企业家汤姆·彼得斯说过：“经理最高级的一项工作就是让员工欢欣鼓舞。”这句话的意思是，作为一名经理，首先应该做到的是留意下属的工作，对他们的进步和取得的成绩加以赞许。杰克·韦尔奇先生也曾在中国的一次管理会上提出：“当你的员工有一个非常好的创意的时候，你是不是感到非常兴奋，是不是可以承认他的创意，祝贺他的想法。”很明显，韦尔奇先生认为，作为一个企业管理者，必须懂得表扬员工。

由于工作出色受到奖励，下属便能意识到上司在时刻关注着自己的工作绩效。若是你能恰到好处地给你的下属以表扬，这种成就感和荣誉感也可以大大激发他们的工作热情。因此，管理者要有阳光心态，要学会用鼓励的语言培养下属，对他们取得的每一点进步都要鼓掌、喝彩。

1. 通过他人的口表达赞赏

表扬员工不一定是亲自表扬，也可以通过第三者的口气来表达。这种侧面战术更会使当事者信服。

玛丽所经营的美容、化妆品公司在全世界都享有盛誉。她的事业之所以能取得如此大的成就，其中一个就是她懂得适时地表扬下属。

一个业务员在开拓市场屡遭失败后，便萌生了辞职的念头。玛丽得知此事后，在一次谈话中不经意地对这位业务员说："听你原来的老板说，你是很有闯劲的小伙子。他甚至认为把你放走是他们公司不小的损失……"这一番话，把小伙子心头快要熄灭的希望之火重新点燃了。小伙子放弃了辞职的打算，在冷静地对市场进行研究分析后，终于使自己的营销工作打开了局面。

2. 背后表扬

背地里的称赞和背地里的批评一样，一定会传到当事人的耳朵里。在《红楼梦》中，贾宝玉表扬林黛玉就是背地表扬。

当薛宝钗和袭人劝贾宝玉读"四书五经"时，贾宝玉抗议说："你们只会让我做自己不喜欢的事情。如果是林姑娘才不会这样强迫我做呢！"当时，黛玉正好经过，她听到这里，又惊又喜。

即便黛玉不是正好经过，宝玉的这番话也会经过别人的口传到她耳中。因此，善于管理下属的管理者，对于这类管理艺术的微妙之处应当多多了解。

3. 向下属的家人、朋友赞美他们

为了让管理者对下属的赞美快速、准确地传到对方耳中，在选择“传话人”时，要尽量寻找与下属关系亲密，接触频繁的人，例如下属的家人、朋友等。一般来说，不宜当着其他同事的面赞美。如果管理者当着A下属的面表扬B下属，A下属难免会产生不平衡的心理。基于此，赞美下属最好当着他们的家人或者朋友的面，其家人和朋友也一定会非常高兴。

虽然受工作环境所限，管理者与下属的家人、朋友见面的次数并不会太多，可一旦有这样沟通的机会，管理者就一定不要错过，要充分利用这个时机向下属的家人、朋友赞美他们。

4. 厚此不薄彼

如果两位或者多位员工都表现出色，为了平衡他们的心理，表扬要厚此不薄彼。

例如，在某个项目中，小李和小赵的表现都非常出色，上级可以对小李说：“这次项目完成得非常圆满，尤其是你和小赵的表现格外突出，我要特别提出表扬。”

而后，上级看到小赵也可以表达同样的观点。这样的赞美方式，既达到了通过第三方传话的目的，又可以平衡下属的心理，一举两得。

总之，下属有了成绩，管理者就应及时加以肯定和赞扬，促其再接再厉。而且，一个善用表扬的管理者，不会满足于对个人或集体的优点、长处作简单的肯定与赞扬，总是善于挖掘表扬的深层潜力，以努力提升表扬的效果。

责任激励，让员工挑大梁

有些管理者在布置工作时只是向下属交代任务，要求下属必须怎样，却很少赋予下属责任，告诉他们在完成工作的过程中自己应该担负怎样的责任，以及完成了这样的责任可以得到什么奖励等。员工感到自己就是为老板打工，工作没有积极性，更不可能充分发挥自己的聪明才智把工作做好，实现从优秀到卓越的跨越。在这种情况下，管理者就应该转换工作方式，用责任来激励员工。

管理者在赋予下属责任时需要注意以下几点。

1．善于把握时机

有些下属对自己的工作驾轻就熟后容易滋生怠慢和马虎的心理，因此，要善于把握这样的时机，加强其责任心。

对于已经被赋予责任的下属来说，承担责任本身就是一种挑战，他们除了担负责任奋发向上外，别无选择。否则，在激烈竞争的时代，等待他们的可能是下岗。因此，让员工在明晰责任的过程中感到自己所担负的重责，这样就不会再轻易懈怠。

2．交代责任内容要清楚

企业中的每一个工作目标都是具体的，并会分解到每一个岗位、每一个人。因此，赋予下属责任，一定要认真交代清楚责任内容。否则落实不到位时会出现互相推诿的现象。

3．提升责任意识

管理者能否善用责任激励员工，一个重要的标志就是在交代责任的过程中是否善于运用语言的艺术，适当地提升员工的责任意识。比如，有意识地加重说话的语气，增加谈话的严肃性，就可以让对方意识到责任的重要性，从而认真掂量其所担职责之分量。

4. 赋予下属激励点

责任激励的关键在于赋予下属责任要有激励点。这就是对下属能力的认可，以增添他们履行责任的自信。

5. 授予一定的权限

责任与权利总是相伴而生的。你赋予下属责任的过程，其实也是授予下属权利的过程。因此要乐于并善于授权给下属，让他们认为自己是在“独挑大梁”，肩负着重要的职责，有更大的自主权。有工作自主权也可以使员工受到激励。

6. 给予一定的压力

同时，还要向下属交代清楚实现不了工作目标所要承担的责任和追究的方式，给他们施加必要的压力，迫使他们不断提升工作的责任感。

7. 检查责任的落实情况

作为领导，在分解工作目标，责任到岗、到人之后，并非万事大吉，或者任由员工去做，还要有步骤、有目的地检查责任的落实情况，并要善于检查、督促。但一定要注意方式，如果正常的监督被下属理解为不信任的举动，下属的主动性会受到一定程度的打击。

因此，在检查下属的责任落实情况时要巧妙一些，可以不经意地提及他们的执行情况。如果发现执行不到位可以征求下属的意见，如询问他们“你认为是否还有应该改进的地方？”这样他们比较容易接受。

8. 落实不力要追究

不论是什么原因，只要下属没有如期完成分内应做的事情，就要追究其责任。既然是追究责任，就免不了采取各种形式的惩罚措施。

但是，责任激励的目的在于激发下属的积极性，因此，即使追究责任，也要宽严适度，不能忽略激励这个主题。

对于由工作态度不端正造成的损失，应采用明追究的方法，即在公开场合宣布惩处的结果。此举也是为了告诫他人，对在场的每个人都是一种警示。而对于那些态度端正、工作努力，由于本人的能力所限没能履行好责任的下属，适合采用暗追究的方式。比如，将其调到更适合的岗位等。这样的暗追究，会使下属在人前保留一份自尊，也给予其重新振作的机会。

责任激励的目的不仅在于激发员工的责任心，使员工有效而及时地完成本职工作，而且可以激发他们勇挑重担的勇气。因此，责任追究不是目的，真正的目的是让人人都有参与企业各种事务的机会，都有用武之地。因此，在追究员工的责任时，管理者应主动承担自己的责任，这样也能赢得员工的尊敬。

情感激励，温暖人心

在你的眼中，下属是人还是机器？

这个问题直接关系到管理者采取哪一种管理方式，并能取得怎样的效果。对此，大多数管理者的答案都倾向于前者（实际做的也许是另一套），毕竟以人为本的概念已深入到这些企业管理者的心里了，但是也有一部分人例外。

曾经，某制造业大厂接二连三地出现跳楼事件，其中很重要的原因就是员工被工作挟持，进而变成了“机器”。板着面孔的上级、冰冷刻板的规章、漠不关心的同事，麻木机械地上班、下班，工作效率与质量能好到哪里去？

美国前总统尼克松在《领导人》一书中写道：我所认识的所有伟大的领导人，在内心深处都有着丰富的感情。”换一种说法，这些伟大的领导人都是富有人情味的。

日本“经营之神”松下幸之助就是一个具有人情味的领导，他认为：“最失败的领导，就是那种员工一看见你，就像鱼一样没命地逃开的领导。”松下幸之助经常会为前来汇报工作的员工沏上一杯茶，用诚挚的声音说：“你辛苦了，请喝杯茶吧！”在到各个分部视察时，也不忘表达出对下级的爱和关怀。

记得在一部反映美国独立战争的电影中，一场残酷的攻坚战将要在荒原上展开。所有的将士都知道这一仗将是无比凶险，将会有无数战友有去无回。

将军最后一次检阅了他的部队。他从整齐的方阵前缓缓走过，眼里噙着泪水，注视着那些如他儿子般年轻的脸庞，似乎要将每一张脸都镌刻在脑海。

这名将军自始至终没有说一句话，但他的举动震撼了每一个士兵的心灵。士兵们发出震耳欲聋的喊声。然后在将军的指挥下，士兵们如猛虎般朝敌阵发起了冲击。在那场决定整个战争胜负的惨烈战役中，他们发起一次又一次的冲击，终于用鲜血凝成了胜利。

这就是情感的力量，比荷枪实弹的督战队还要有力。

现代情绪心理学的研究表明，情绪、情感在人的心理生活中起着组织作用，它支配和组织着个体的思想和行为。因此，要想打造出一个高凝聚力的团队，团队领导不但要“晓之以理”，还要投入一定的情感因素，动之以情。“理”是木桶的木板，而“情”是木板之间的黏合剂。

人非草木，孰能无情？把下属的冷暖放在心上，为下属排忧解难，真诚地“以心换心”，就可以产生一股凝聚力，也会使自己具有威望。

历来，雪中送炭胜过锦上添花。当下属情绪处于低潮时，正是抓住下属心的最佳时机。

1. 工作不顺心时。因工作失误，或工作无法照计划进行而情绪处于低潮时，就是抓住下属心的最佳时机。因为人在无助时，希望别人来安慰或鼓舞的心比平常更加强烈。

2．人事异动时。因人事异动而调到自己单位的人，通常都会交织着期待与不安的心情。应该帮助他早日去除这种不安。另外，由于工作岗位的构成人员改变，下属之间的关系通常也会产生微妙的变化。不要忽视了这种变化。

3．下属生病时。不管平常多么强壮的人，当身体不适时，心灵总是特别脆弱。

4．为家人担心时。家中有人生病，或是为小孩的教育等烦恼时，心灵总是较为脆弱。

以上这些情形都会促使下属的情绪低落，所以适时地慰藉、忠告、帮助等，会比平常更容易抓住下属的心。

现在有个时髦的词叫“感情存储”，这句话对于管理者来说更加适用，帮助他人如同把一笔钱存入了银行，最终是会有回报的。

CHAPTER 11

第十一章

把团队拧成一股绳

为什么看似忠诚的员工，在利益面前却毫不犹豫地选择背叛？为什么企业不缺乏宏伟战略，员工却难以与公司形成合力？

给团队造梦，许员工一个未来

当一个人有梦想时，他的目光是坚毅的，步伐是矫健的。就像《当幸福来敲门》里的克里斯·加德纳一样，再多的磨难也不放弃，不抛弃。“如果你有一个梦想，你就要捍卫它！”克里斯这么说，也是这么做的。

有句名言是这么说的：“如果你想造一艘船，你先要做的不是催促人们去收集木料，也不是忙着分配工作和发布命令。而是激起他们对浩瀚无垠的大海的向往。”

真是一语惊醒管理人！

都说心动不如行动，但若是心不动，脚的行动又怎能坚定有力？

我想去那里，所以我努力；我们想去那里，所以我们团结。同一个梦想，同一个目标，让团队成员劲往一处使，心往一处聚。像奥运火炬传递者一样，先点燃梦想的圣火，让员工对未来美好的前景充满幻想和憧憬，激励他们不断地向着目标前进。不管前方遇到什么挫折，员工都会觉得这只是小插曲，只要努力很快就会过去，一定可以达到理想的目标。

按照世界著名的领导力权威沃伦·本尼斯的说法：一个组织的梦想，称为愿景。

为了打败严重威胁法国安全的欧洲反动联盟，在进攻意大利之前，拿破仑对他的部队说：“我将带领大家到世界上最肥美的平原去，那里有名誉、光荣、富贵在等着大家。”

拿破仑精准地抓住士兵们的期待，并将之具体地展现在他们的面前，以美丽的梦想来鼓舞他们。这支部队的梦想，就是愿景。

可见，愿景不能仅仅是领导者个人的梦想，而必须是团队成员所向往的。正如本尼斯所说：“一个共享的愿景是人们感觉自己在做至关重要的事情，他们感觉自己在宇宙中留下印记。是这样一种感觉——尽管我们可能各不相同，但是我们是在一起做这个，而且我们是在做一些可能改变生命，甚至改变世界的事情。在这些团队中，领导者的角色在很大程度上是创造一个舞台，团队成员可以在上面‘做他们的事情’。”

你可以买到一个人的时间，你可以雇一个人到固定的工作岗位，你可以买到按时或按日计算的技术操作，但你买不到热情，你买不到创造性，你买不到全身心的投入，你不得不设法争取这些。而企业愿景会帮你争取到这些东西。

研究愿景的管理类图书汗牛充栋，从多个角度分析阐述，给出了数不清的方法与途径。

一部《道德经》，不过五千余字，由此衍生出的解读可谓汗牛充栋！《道德经》有云：“万物之始，大道至简，衍化至繁。”

看电视里的自由搏击，就那么几下，绝不花哨，没有丝毫多余的动作，简单实用，几招制敌。而更多所谓的武术“练家子”，各种拳法眼花缭乱，实际上流于“舞术”。有人问甄子丹：“练武术最重要的是什么？”他说：“把对方击倒。”短短五个字，直抵要害，让人血脉偾张，仿佛被击倒在地。

对于愿景的“大道”，其实也是“至简”。现代管理学之父彼得·德鲁克认为，一个企业必须要思考这样三个问题：

第一，我们的企业是什么？

第二，我们的企业将是什么？

第三，我们的企业应该是什么？

这三个问题有了答案，企业的愿景就呼之欲出了。如：

第一，我们的企业是汽车制造公司。

第二，我们的企业将是专业的、全球性的大型汽车制造公司。

第三，我们应该让更多的工薪阶层开上汽车。

“让每一个人都拥有一辆汽车”——这个愿景就呼之欲出。这是一百多年前美国福特汽车公司的愿景。当亨利·福特勇敢地向世人宣布时，很多人都觉得他是个疯子。但是历史最后证明，他是个伟大的企业家和梦想家。

不要担心愿景难以达成。容易达成的那不叫愿景，顶多叫目标。团队的成就不是由你遇到的问题所决定的，而是由你所解决的问题所决定的。领导力体现在去解决问题，而不是背负问题，让问题越来越多。

愿景是团队启航的原动力，领导者是“船长”，告诉员工哪里有宝藏，给他一个航向，让他拥有一个实现自我价值的舞台。

走出小圈子，改造小圈子

有人的地方，就有江湖。有江湖的地方，就有圈子。

身为管理者，要注意团队里的小圈子。这种“次级团体”大都来自同质性的结合——同乡、同校或相同的兴趣、个性，甚至利益，他们的影响力有时甚至会超过正式组织。

关于小宗派和小圈子的危害，邓小平曾深刻地指出：“小圈子那个东西害死人呐！很多失误就从这里出来，错误就从这里犯起。”这一点也已经为历史所证明。

在林林总总的圈子中，以管理者为中心的圈子对团队的影响相对更大。

首先，让下级不舒心。管理者与圈子里的成员“卿卿我我”，让处于圈外的员工有被边缘化的感觉。圈外人在“我没受重视，不重要”的负面感觉之下，凡事消极应对。如果再加上管理者有意无意对圈子成员的优待，圈外的员工更是心灰意冷。

其次，让上级不放心。小圈子成员之间“情投意合”，行动协调一致。在圈子利益的牵引和鼓励之下，圈子成员结成了以团队领导者为首的超级战斗堡垒。这几乎可以说是找死的节奏。柳传志曾经评判一个令他头疼的圈子：“当时他们成了一个集体，外人看来就是‘帮’，人由他选取，财务上一度失控，下面人还说了一些更过分的话。如果在我的控制之下，还可以；控制不住，当然不行……他越上进心强，我们越感威胁。”结果，这个让柳传志感到威胁的“他”，因为“经济问题”进了监狱，坐了四年牢（释放九年后宣布无罪）。

最后，让自己不省心。团队领导有几个“自己人”，貌似对于领导工作有利。一项新的措施发布下去，“自己人”总会力挺。但是，且慢，你若不回报无原则的迁就与照顾，如何换得了这些“自己人”无原则地挺你？因此，表面的省心背后，堆积了更多不省心的隐患。

随着企业发展壮大，内部形成小圈子已成为一个较为普遍的现象。作为团队领导，不必过于担心小圈子，因为这是人性使然。但是，也不能漠视这种小圈子的能量。

一般而言，任何小圈子结合后，必然衍生出不必要的排他性与敌对性——对抗其他小圈圈或个体。这种负面特质的迸发，必将破坏团队整体的和谐。

作为管理者，既不能创建小圈子，也很难真正废除它们。小圈子的存在一定有其合理性，强硬改变只能适得其反，但是可以通过改善团队的环境，让其自然消亡，或者使其力量减弱，让大家将重心重新放到团队利益上。

首先，你要与各个圈子保持互动。与不同的小圈子保持等距交往，让他们获得“被关照”的满足。注意“等距”两字，不可刻意亲近某个圈子，也不可刻意打压某个圈子。否则很容易陷入利害冲突之中。

其次，公司应当鼓励并提供各种机会、环境，甚至给予补助，积极推动创建各种具有积极意义的小圈子，如登山社、语言社、才艺班、合唱团等。这些积极向上的社团，能够满足成员的归属感，进而创造出员工本身对公司的向心力与共识，也因此促进生产成效。这些蓬勃向上的社团，还能带动整个公司的组织气氛，使平时相互敌对的负面小圈子日趋消减。

再者，有计划地举办公司或部门的集体活动，比如各种竞赛、运动会、餐会，将原本频繁紧密的小圈子关系融入大团体中，进而与其他员工产生新颖的积极结合的力量，萌生对大团体的共识。

此外，还可以在各种计划、研讨或活动分组中，不露痕迹地“打散”每个固定小圈子的成员，让各种不同圈子内的成员组成新的小组，使原本封闭的“同质团体”变成开放的“异质团体”。甚至可以将开会、联谊时的小圈子扎堆现象可通过安排座位岔开，以此拓展员工对他人的接纳与了解。

警惕员工不满，及时消除隐患

身为一个部门经理，你必须时刻提高警觉，防范员工工作情绪长期低落。对这种现象切莫轻心，有时会如传染病一样，让整个部门陷入低落、瘫痪。

一般来说，你可以从某个员工平日里言行举止的反常表现，来洞悉其中所潜伏的危机，比如：

做事心不在焉，频频出错；

经常迟到早退；

工作表现乏善可陈；

懒得和同事打交道；

刻意回避公司所举办的各项活动；

毫无来由地发怒。

这些征兆不会毫无原因地出现——不是个人生活上遇到麻烦，就是工作上遇到问题。如果是因为工作问题而反常，其潜意识是希望以此引起上级的注意。一般人宁可挨骂，也不愿受到冷落。

因此，当你察觉到某个原本非常敬业的下属，最近却像梦游般地频出差错，或是某个人缘极佳的同事连续几天都莫名其妙地把自己封闭，那你得当心了。因为他很可能正在向你亮起红灯，发出了一道警讯。

倘若你未能防微杜渐，及时予以开导，那他们的情绪会越来越低迷，所传递的警讯也越来越强烈。比如，在部门内制造恶毒谣言来弄得人心惶惶，或是在业务上故意捅个大娄子来让你头痛一番。

别忘了，你是他们的上级，要是依旧坐视不理，让雪球越滚越大，那最后这个烫手山芋必然还是要留给你自己去享用。

是什么引起员工的不满？

与其对真相猜猜猜，不如来一次员工满意度调查。通过员工满意度调查这个新的沟通平台，为更多真实的信息铺设一个反馈的渠道，能够有系统地了解员工对企业各个方面的满意程度和意见，有效诊断公司内部管理的潜在问题。

员工满意度调查一般是一个季度搞一次，分别对以下几个方面进行全面评估或针对某个专项进行详尽考察。

1．薪酬

薪酬是决定员工工作满意度的重要因素，它不仅能满足员工生活和工作的基本需求，而且还是公司对员工所做贡献的尊重。

2. 工作

工作本身的内容在决定员工的工作满意度中也起着很重要的作用，其中影响满意度的两个最重要的方面是工作的多样化和职业培训。

3. 晋升

工作中的晋升机会对工作满意度有一定程度的影响，它会带来管理权利、工作内容和薪酬方面的变化。

4. 管理

一是考察公司是否做到了以员工为中心，管理者与员工的关系是否和谐；二是考察公司的民主管理机制，也就是说员工参与和影响决策的程度如何。

5. 环境

如温度、湿度、通风、光线、噪音、工作安排、清洁状况，以及员工使用的工具和设施，极大地影响着员工满意度。

常用的调查方法是访谈调查法与问卷调查法。访谈法有面对面访谈或电话访谈，问卷法有纸质问卷或电子问卷。

调查可以委托第三方专业公司来做，代价是花一笔不菲的钱。企业自己做的话，根据经验，采取匿名的电子问卷比较接近真实。越是小型的企业，纸质问卷越容易失真。比如，一个员工明明常常抱怨企业的加班制度，但是在问卷中他却填写非常满意。即使是匿名，他也担心说真话会暴露自己。

至于电子问卷的制作方法，网上有简易的教程与转换工具，一学就会。

1. 如何处理员工不满

员工要发泄不满的话，第一步当然是找直属上司。如果直属上司无法帮他解决，他会求助于上司的上司。如果得不到满意的答复时，就会找到公司的最高管理层。这个阶段如果还是得不到解决的话，只有一走了之或“闹”上法庭了。

为了避免事情闹大，你必须事先防患于未然，任何微小的不满都必须尽快秉公处理，以免事态因此而蔓延、扩大。所谓“星星之火，可以燎原”，如果在事情扩大前不能处理得当的话，那在后面就有苦头吃了。

为了处理好这些事情，你要经常和下属谈心，和他们密切接触与沟通。如果下属信任你的话，他们就会毫无保留地向你诉说心里的话。当然你也会希望你的下属都是一群工作效率高、乐观，对你无话不谈的人——不但心中不满会对你倾吐，有高兴的事也乐于和你分享。只有双方的沟通畅通才能有效地处理这些事情。

员工的不满情绪中有许多是由上司引发的，诸如以下“自我”的行为，最好不要犯：

（1）你从不清楚下属对你的期望，认为去了解这些是浪费时间。

（2）你的下属工作表现好，你认为是自己的领导有方；表现不好，就是他们有问题。

（3）从不对任何下属表示有信心，总以为自己的一切比他们强。

（4）不告诉下属公司的现状，任由他们瞎猜，因为你认为自己高高在上，掌握所有他们不知道的事。

（5）绝不协助下属，哪怕你经过某下属的座位时碰掉了他的东西，也不会道歉，更不会替他拾起。

（6）随意改变规章，而你知道改变的结果会带来怨声载道，却仍然一意孤行。

（7）不理会下属的工作岗位是否对口，只求自己喜欢，任意改动下属的工作。

（8）对异性下属的话特别多，虽是同性相斥，异性相吸，但这个定律并不适用于上司与下属之间。

（9）永不接纳下属的建议，你的话就是“圣旨”。

人是感情的动物，重要的是你的理智必须高于感情之上，化解自己对下属的不满，才能理智地分解他们对公司或者针对你的不满。

很多时候，单方面的理智不能解决问题，除了个人的修养之外，处理员工不满应注意以下几点：

（1）员工找你投诉某种不满，是希望先得到你的共鸣，以获得解决方法。尝试站在员工的立场想想，重复他所提过的问题，并让他知道，你了解他的心情。

（2）将问题设定在一个范围内，避免东拉西扯地牵出更多问题来。例如，他对于取用文具的规定太严格而抱怨，你莫将问题扯到经济上，再转到加薪上面，否则问题便越扯越大。

（3）说出你替他们解决问题的方法，不要说："你等着吧！我会给你想办法的。"神秘兮兮的方式已不合时宜，他会以为你只是敷衍而已。

（4）有可能的话，在你的职权范围内，先给员工一个承诺。没有人喜欢经过一番交谈后，毫无结论地走出你的办公室。当然，这个承诺不能是一张空头支票。

（5）做出改变后一星期左右，你要进行回访，询问近况如何，让他知道你一直关注他曾提出的问题。

（6）不是每个人的表达能力都很好，有些人情绪激动时，说话便失去连贯性。一时间，你只觉千头万绪，不知道他投诉什么。别心急，耐心地聆听整件事，暗中记下你的疑问，再加以询问。

（7）你的声调、表情、身体语言均影响员工的情绪，采用轻松诚恳的语调，凡事用询问方式表达，友善的身体语言，对员工有安抚作用。

（8）不是每个员工的问题都能轻易解决。遇到棘手的问题，看看应否召开员工大会，以投票方式决定某些事项。

2. 允许员工适度发牢骚

中国传统文化一直宣扬做人要忍耐、顺应、谦虚，纵有百般不满，也要万般克制。

唐代诗僧寒山问拾得："世间有人谤我、欺我、辱我、笑我、轻我、贱我、骗我，如何处置乎？”拾得回答：“忍他、让他、避他、由他、耐他、敬他、不要理他，再过几年你且看他。”

两人的对话千百年来脍炙人口，作为很多人的座右铭。但是，如果你达不到拾得那种大师般的境界，那些负面情绪积压太多了还是会坏事的。负面情绪如同水库里的水，水位在增加，你不适时泄洪，压力会越来越大，甚至最终冲破理智的堤坝而失控。

而作为管理者，则应该意识到绝大多数人都是普通人，在负面情绪面前做不到拾得大师那么超然。员工们在工作中发点牢骚以宣泄情绪，并不是坏事，相反还是一件值得鼓励的好事。

根据心理学家的研究：一个人适当发发牢骚，对于身心有益无害。哈佛大学心理学教授梅约通过“谈话试验”活动总结出：凡是公司中有对工作发牢骚的人，那家公司或老板一定比没有这种人或有这种人而把牢骚埋在肚子里的公司要成功得多。”简洁地说，就是：有人发牢骚的公司要比没有牢骚的要成功得多。这就是著名的“牢骚效应”。

在芝加哥郊外有一家制造工厂，工厂里各种生活和娱乐设施都很齐备，社保、养老金等福利也相当到位。在这样的工厂里工作，工人们幸福度本应该会很高，随之而来的干劲也会很大。但事与愿违，不仅生产工人效率低下，销售人员也是成绩平平。

厂长不知道原因出在哪里，就向哈佛大学心理学系发出了求助信。哈佛大学心理学系在梅约教授的带领下，派出一个专家组对这件事展开了调查。经调查后，专家组发现，厂方原来假定的对工厂生产效率会起极大作用的照明条件、休息时间、薪水的高低与工作效率的相关性很低，而工厂内自由宽容的群体气氛、工人的工作情绪、责任感与工作效率的相关程度却较大。

在他们进行的这一系列试验研究中，有一个“谈话试验”。具体做法就是专家们找工人个别谈话，而且规定在谈话过程中，专家要耐心倾听工人们对厂方的各种意见和不满，并做详细记录。与此同时，专家对工人的不满意见不准反驳和训斥。这一实验研究的周期是两年。在这两年多的时间里，研究人员前前后后与工人谈话的总数达到了两万余人次。

结果他们发现：这两年以来，工厂的产量大幅度提高了。专家组最后得出结论：在这家工厂，长期以来工人对它的各个方面就有诸多不满，但无处发泄，而“谈话试验”使他们的这些不满都发泄出来了，从而感到心情舒畅，所以工作干劲高涨。这就是牢骚效应。由于这家工厂的名字叫霍桑，人们又将这种现象称为“霍桑效应”。

和治水一样，“治理”不良情绪不能光靠“堵”而不去“疏”。不让员工发牢骚，内心的不满情绪郁积在胸，就会导致公司死气沉沉。而且积压太多，一旦爆发就会矛盾激化，搞不好劳资双方两败俱伤。

梅约教授的“牢骚效应”公布之后，一些美国企业设计了一种叫作“发泄日”的制度，即在每个月中专门划出一天给员工发泄不满。在这一天，不论职位、不论性别，所有员工都可以对上司与同事说出自己心里的不满，发牢骚是允许的，管理者不许因此迁怒于人。这种设计使下属平时积郁的不满情绪都能得到宣泄，从而大大缓解了他们的工作压力，提高了工作效率。

而在日本的不少企业里，则专门设置了“发泄室”，里面有老板的橡皮模型，还有一些其他提供发泄的器具。据说，多数企业里的老板模型面目全非、损坏最快。而员工在发泄中，让不满情绪得到了宣泄，从而更加积极地参加工作。

我们现在常说要建立内心的正能量，从“牢骚效应”来看，适当发点牢骚，排除一些负能量，也是增加正能量的方法之一。

化解矛盾冲突，营造和谐氛围

有人的地方，就难免有误会、有矛盾、有争斗。

对于管理者来说，必须有处理矛盾的能力和正确处理矛盾的气度。在处理矛盾的过程中，你必须从团结的愿望出发，与人为善，以理服人。

以下六个原则，是管理者处理团队内部矛盾所必须遵守的。

1. 及时解决

发现苗头，及时解决。不要等冲突急剧或矛盾成堆才着手解决。如果矛盾积累多了，许多问题交织在一起，互相牵制，会使简单的矛盾复杂化，单一的矛盾扩大化，解决矛盾的难度就会增大。

2. 独立解决

千万不要动不动就往上面捅，上面插手常常会让事情更加复杂。而若是以通报上级作为要挟，则等于向员工宣告你自己的无能。尽量依靠自己的能力去摆平。当然，有些原则性矛盾或自身难以解决的矛盾，可以适当地求助于上级。

3. 想清楚再动手

了解了全部事实，把利弊都考虑清楚详尽，然后再处理。一定要冷静周密，不可急躁冒进。人一旦处在激情状态下，思维的容量就会变窄，思维的深度就不够了。

4. 迂回解决

管理中有的矛盾处于一种僵持状态，按照常规的方法，做一两次调解，难以奏效，甚至有激化的趋势，成为棘手的难题。这时你就应该寻找第三条通道，采取迂回的方法去解决。把握解决矛盾的目标，选好突破口，将矛盾迅速解决。

5. 不必大张旗鼓

不管是下属与你的矛盾，还是下属之间的矛盾，都最好私下解决。让矛盾于无形之中烟消云散，给当事人都保留了面子。但对那些不伤面子，同时又有普遍教育意义的可以公开出来，起到教育其他下属的目的。

6. 对恶意制造矛盾者绝不能手软

对那些恶意传闲话者，故意制造事端者，唯恐天下不乱者，要果断解决，坚决辞退。无论他有多高的才能都不能用。

如何管理浑身长刺的员工

在你的团队里，总难免有那么一两个头上长角、身上生刺的员工。他们似乎永远也闲不住，这里给你戳个洞，那里给你搞点事，兴风作浪，让你苦不堪言。

对这类员工，最好的管理方法是因人施策。

1. 争强好胜的员工

这类员工狂傲自负，自我表现欲极高，经常会嘲弄、蔑视同事甚至上司。

为什么要让他用嘴皮子证明自己多么牛？

给他一个有难度的任务，让他去做。

成功了，继续委以重任，让他将更多的精力投入到工作当中，无形中会减少无所事事中生出的是非。如果的确能力优秀，相信他在屡担重任中会收获不少成就感与荣誉。这时的他反而不会动辄吹嘘卖弄自己，因为他不需要吹嘘了。人之所以争强好胜、吹嘘自己，是因为缺少表现的舞台以及成就感。他有舞台了，也有成就感了，还用得着吹嘘吗？一个真正的亿万富翁，从来不会吹嘘自己多有钱。

如果他失败了，那么正好用此挫其锐气，让他知道做事没有他想得那么简单。

2. 嫉妒心强的员工

嫉妒心是一种很微妙的心理。有时如魔鬼，蛊惑人走向深渊；有时如精灵，刺激人攀登高峰。

对于嫉妒心强的员工，用好了，能刺激他勇攀高峰。

尽量将员工之间的竞争公开化、量化。你不服，就拿出自己的工作业绩来，以此引导他化嫉妒为上进。

同时，也要注意这类员工的品行。如果一味为了胜出而使出损人的阴招，破坏团队的信任，那么就要搜集证据，将之严肃处理，绝不可以姑息。

3. 倚老卖老的员工

管理者的年龄、资历要是比下属高一些，其管理相对容易些。但管理者若是年轻、工作资历也不够，而下面又有几个跟太上皇打过江山的“老家伙”，其管理难度就大多了。

老家伙们倚老卖老，对企业规章制度置若罔闻，经常评论、挑剔甚至挑战领导权威。此时，你若是逆来顺受，他们就会变本加厉。你若是针锋相对，他们又会明里暗里对你使坏，联合其他下属采取不合作态度，或者越级告你的状。

对这些下属，你需要使用软硬两手。软的就是诚心称赞他们的工作表现，虚心请教他们各种问题；奉他们为公司创业元老，视他们为企业宝贵资产。总之，让他们心理平衡。硬的则是公事公办，若有违抗命令，站在公司利益的高度指出其行为的不当，就事论事、有理有据、不卑不亢。

4. 独断专行的员工

这类人好单打独斗，什么事情都喜欢自己拿主意，不愿意向领导请示、汇报。他们虽有一定的判断力，但毕竟只是站在一个比较低的位置来考虑问题，因此常常会在自以为是中做错事。

对于这类下属，你要拿起工作制度和纪律条文，清楚地告诉他们的权限在哪里，甚至可以在大会上有意无意地把他的权限公布，让其他员工都清楚。

当他们在执行任务时，你需要适时地跟进、监督，知道项目的进展与对策，确保不走向歧途。

如果你有能力驾驭独断专行的“野马”，他们能够成为你的左膀右臂。多数有能力的职场人，多少都有点自负。有些有经验的领导甚至特意选用这种缺点明显的人来重点培养。

扔掉烂苹果，倡导团队正能量

公司就是一个小社会，难免出现一两个奇葩——他们总是把工作看得比上大刑还要糟糕，坏脾气把同事们搞得情绪低落，还常常违反公司的规章制度，从而影响了团队的工作效率和成果。这样的人就是公司里的“烂苹果”。

这些不敬业、不服管理的人，就像苹果箱里的携带细菌的烂苹果。如果你不及时扔掉，它会迅速传染，把果箱里其他苹果也弄烂。

华盛顿大学商学院的管理专家在《组织行为学研究》上发表的一份报告，对美国企业中存在的普遍问题进行了研究，指出“烂苹果”会影响其他员工的士气，从而造成整个工作团队的破裂。当“烂苹果”存在的时候，人们可能就不愿意去处理出现的问题，甚至不愿意与别人进行开诚布公的交流，因此使一个团队的作用得不到发挥——在这种情况下，企业很难有出众的表现和达到较高的生产力。

“烂苹果”的可怕之处在于它那惊人的负能量。组织系统往往是脆弱的，它是建立在相互理解、妥协和容忍的基础上的；它很容易被侵害、被毒化——因为破坏总比建设容易。

烂苹果定律告诉我们，对于“烂苹果”类的员工，要在其开始破坏之前果断亮剑。“姑息”的结果只能是“养奸”。

以下是公司七大“烂苹果”，检视一下你的果箱里有没有。有的话，尽快扔掉。

1. 搬弄是非的人

在盘点“令人讨厌的同事”中，搬弄是非的人名列榜首。这些人喜欢捕风捉影，说三道四。小到办公室绯闻，大到公司方针，无风三尺浪，有风起巨浪，不管事实真相，仅凭自己主观臆断擅自散发谣言，把一些子虚乌有的事描述得绘声绘色。这种人业绩再强也要清除，因为他们破坏了团队的团结与和谐。

2. 损公肥私的人

不要以为飞单才是“罪不容赦”。凡事都有一个由小到大的演变过程，小时偷针大了偷牛。公司吃里爬外的人，首先都是从利用办公室的小物资，纸笔、电脑，再到汽车私用，然后是虚填报销单。对这种行为应该采取高压措施，贪小便宜成性的人必须及时清理。

3. 一心多用的人

这些人或基于经济原因，或源于个人能力，身兼多职——除了在本公司上班外，或在保险公司当业务员，或在化妆品、保健品公司当直销员。当然，他们会尽量隐瞒兼职的真相，但你若是细心，总能发现一些蛛丝马迹。例如，一些与本公司无关的业务电话，或经常请假（去应付兼职的事务）。一心不能二用，这种打多份工的人，最好是请其走人。

4. 骑驴找马的人

身在曹营心在汉，此时不走只是因为还没有找到合适的下家。这样的人留之何用？不但无法有效完成本职工作，还有动摇其他员工信心的隐患：

“某某公司底薪比这里高，提成也不低，我打算去，你们……”这类真真假假的信息，若是在同事中传播，贻害无穷。

5. 借口多多的人

这类员工永远不缺借口，不管这些借口是多么苍白无力，甚至可笑，也能“理直气壮”。当你就一个问题对他进行问责时，他几乎是条件反射般地把责任推开。说实话，这种人让他的上级很无语。但真正的“无语”显然于事无补，最好的语言是请他走人。

6. 心胸狭窄的人

心胸狭窄的人，在团队中是一个不和谐的音符。这样的人睚眦必报，一点小事也记在心头要扳回这局。闹得团队里硝烟弥漫、摩擦不断。这种人处处树敌，绝对是团队中的害群之马。团队中只要有一个这样的人，势必搞得鸡飞狗跳。

7. 怨言不断的人

公司里适度的抱怨是允许的，但不能总是怒气冲天、牢骚满腹，逢事就大呼不平，见人就大倒苦水。这种祥林嫂般的唠叨，会影响到其他人的情绪。既然他对目前工作如此不满，为何不让他另寻高就呢?

经济学里有一个理论，叫“劣币驱逐良币”，是指当一个国家同时流通两种实际价值不同而法定比价不变的货币时，实际价值高的货币（足金良币）必然要被熔化、收藏或输出而退出流通领域，而实际价值低的货币（含金量不足的劣币）反而充斥市场。

在团队里，也有“劣币驱逐良币”的现象。真正的人才不屑于混迹于庸人、烂人之中，而退出企业另寻高枝，剩下的都是些庸人与烂人。如此一来，你的团队会逐渐地向下沉沦，直到万劫不复。

解雇员工不要手软

解雇是管理者在工作中最难做的一件事。曾解雇过数百人的原通用电气董事长杰克·韦尔奇，创造出"诚实的残忍"的解雇策略，将解雇这样一个残忍的事情淡化，使得公司的解雇决策有理有据，使被解雇的员工心服口服，避免了劳资双方无谓的争吵，也避免了本不应该发生的劳资纠纷。

借鉴韦尔奇的"诚实的残忍"策略，结合我国的法律与人文，笔者梳理出以下解雇员工的几个步骤：

1. 建立完善的绩效管理体系

这个员工明明"不称职"，但如何证明？

通过健全的考核制度。尽管那些被辞退的人在管理者看来是不称职的，但嘴里说说很难让员工信服。如果企业拥有完善的考核制度，定期测评，并对每位员工建立考核档案，就不会在辞退员工时头疼了。而没有健全的考核制度作为保障，经理们辞退的更像是"不满意"，而非"不称职"的员工。

值得注意的是：就算劳动者被证明不能胜任原工作，根据我国的《劳动法》规定也不能立即解雇，用人单位需要对其进行培训或调岗，仍不能胜任工作的才可以解雇。

2. 做好有关员工绩效表现的记录

你说他"表现恶劣"，证据何在？

这就需要管理者在平时认真观察并记录员工的绩效表现，形成系列化的文档。比较典型和重大的事件还应该请员工签字认可，以便于在平时累积绩效考核的文字资料，使绩效考核有据可依，有据可查。"有据可依，有据可查"，是你需要牢记的一个原则。

3. 将员工的绩效表现反馈给员工

员工的绩效表现好还是不好，都要及时反馈给员工。没有一个表现恶劣的员工会意识到自己身上的问题——他们多数还会自我感觉良。不要害怕矛盾与冲突，及时真诚的反馈是减少矛盾的最好的办法。通过持续不断的反馈，让员工正确认识自己的不足，不断改进，不断调整，使自己更好地适应公司的要求。

4. 下最后通牒

突然而至的解雇，是最让被解雇者难以接受的，也最容易引起误会、激化矛盾。所以，在下决定之前，经理应该对员工进行约谈，告诉员工若再不改进就会面临何种结果。否则，公司将不得已实施解雇行动。

5. 快刀斩乱麻

如果决定要解雇某人，就不要在面谈中动摇。最后通牒已经下过了，机会也给过了，没必要再给“最后”的机会。决定了就去执行，以事实为依据直奔主题。不用绕弯子兜圈子，简明扼要，最好在15分钟之内就结束谈话。从一开始就表现得坚决一点，不要被对方的保证或求情所动摇。当然，在传达决定和执行过程中要友善一些。

宣布解雇决定的那天，就是这个员工最后一次在办公室出现。拖延时间没有半点好处，可能会发生造谣、偷窃，甚至疾病等意外情况。

6. 事后保持缄默

解雇一个员工，除非是那种满身长刺的稀有极品，否则多少都会得到同事的同情。

没必要向员工解释为什么要解雇他，缄默是最好的选择。一解释，就容易引起诸多误会、矛盾。你说的每一句话，很可能会传到被解雇的人耳中，甚至被添油加醋。而且，这种背后论人是非的行为，也会让在座者心寒。

CHAPTER 12

第十二章 带领员工一起攀登

在管理者自身向职业生涯的高处一路攀登时，不要忘记帮扶自己的下属一把，和他们一起攀登。因为管理的职责就是领导、帮助下属成长，为企业培育方方面面的人才。

只有培养好企业内的每个员工，才能增强团队的战斗力，而且有了团队的成功，才有管理者自己的成功。因此，管理者们要关注每个员工的成长，发挥传帮带作用，把自己的知识、技能，毫无保留地传授给员工。这样才能获得下属的尊重和敬佩，才能帮助每个员工完成自身的超越。

团队成功，管理者才能成功

管理者如何才能得到更大的舞台，实现自我价值呢？

有些管理者认为只要自己有能力，就能战无不胜，攻无不克，在晋升的道路上一路绿灯。因此，他们在拓展职业生涯上升空间时，一心只关注自己向上的发展空间，却没有给予员工及时的帮助，为他们规划清晰的发展前景。结果，在这样的管理者领导下，员工们就失去了工作热情和干劲。而失去下属的支持和帮助，管理者孤军奋战很难成功攀登到自己希望的终点。

刘老师在学校担任班主任职务。他的教学能力人人认可。他不仅拥有名牌学府的高等学历，而且在工作上做出了很多骄人的成绩，是绝对的“实力派”，凭业绩说话的。而且他对自己所担任的课程也倾注了全力。

按照刘老师的工作能力，早就应该晋升到一个更高层的职位。然而，和他工作年龄相当的老师早就升任教务主任、校长了，即便比他工作时间短的老师也升任教研组长了，可刘老师仍然是一位最基层的班主任。这是为什么？看着自己和一帮年轻人坐在一个办公室中担任同样的职务，刘老师心中也愤愤不平。

刘老师也许并不知道造成这种状况的原因就是他不懂得团队协作的重要性。他在办公室中总是一头扎在自己的工作案头上，从不和任何同事交流，也不向同事获取帮助。即便是同教研组的同事需要他帮助，他要么很不情愿，要么干脆拒绝。他认为凭自己的能力可以在竞争当中占有一席之地，结果却事与愿违。领导看到他热衷于孤军奋战，自然不敢托付更大的责任。

在企业中，也有像刘老师一样的管理者，他们对于自己的能力过于自信，认为拥有这些就拥有了晋升的资本和法宝。能力固然重要，可是，作为领导来说，帮助团队成功更重要。

首先，从领导的愿望来看，让更多的人成为骨干，为企业创造更多的价值是他们的心愿。因此，企业赋予管理者的职能就是要他们不仅自己要成为组织的骨干，而且还要培养一批和他们一样，甚至比他们更能干的骨干，这样才可以大大提高企业的竞争力。如果管理者不懂得这一点，自然就封闭了自己上升的空间。

其实，孔子早就告诉我们，每个人要实现自己的愿望，首先需要先帮助别人实现愿望。同样，管理者要完成自己职场生涯的跨越，也需要先帮助下属有所发展。因为在现代公司里，没有人能够独自创造出整个团队的利益。如果仅凭借自己优异的业务技能而拒绝合作，总想孤军奋战搏出一片自己的天地，根本就是不可能的。这种合作不仅是和其他部门合作，也包括和自己的下属合作。如果老板们看到有些管理者只求竞争不讲合作，也会直接阻断他们在职场生涯中的发展。

因此，无论竞争何等激烈，我们都要在竞争中保持一颗合作的心。让团队的每个人都成为骨干，让团队成功，自己得到提升的概率才会大大增加。否则，即使自己竭尽所能，也未必能为企业创造多少价值。

当然，重视合作并非意味着就不讲竞争，公平合理的竞争什么时候都需要，竞争与合作，是每个职场中的人都必须面临的共同课题。我们唯有学会在合作中竞争，在竞争中合作，才能互相取长补短，互相提高，最终实现团队与个人的双赢。

提升员工的自我管理能力

任何完美的战略都离不开有效的执行，而有效的执行除了文化的引导与制度的约束之外，重要的是员工的行动力。员工的行动力靠什么来保证，不是单纯地靠规章制度，而是从提升员工自我管理的意识与能力入手，这样才能让员工更为积极、主动地参与进来，不必领导督促他们也会把工作做到最好。

可是，几乎在每个企业中都有一些自我管理能力比较差的员工。虽然他们不是有意为之，但事到临头就是无法管住自己。结果，给周围的人造成了一定的困扰，自己的工作也很被动。对此，他们也困惑，不知道应该怎样把握好自己。

当作为管理者的你，遇到这样的下属怎么办？

1. 引导帮助

在遇到不善管理自我的员工时，管理者可以直言相告这样任性而为的危害性。让他们认识到这种坏习惯会影响自身的成长，也会影响自己的人际关系。

之后可以采取一系列措施帮助他们改正。比如，引导他们向优秀的员工看齐，监督他们平时的言行等。可以对他们好的表现及时表扬，也可以和他们约定惩罚措施，必要时可以用惩罚的方式对他们的过分言行予以惩罚。

这样多管齐下后，他们的这些坏习惯慢慢就会纠正过来。

2. 用企业文化引导

良好的文化氛围会让员工无形之中感受到自我提升的压力与动力。在企业内部形成一种你追我赶、鼓励竞争的机制就是这种文化氛围的表现，这也能促使员工积极主动地进行自我管理。

3. 公平、公正的选人、用人机制

员工提升自我管理是为了什么？一是为了实现自我的跨越，二是为企业做贡献。只有公平、公正的选人、用人机制才可以为他们才能的施展提供空间。只有员工看到自己的努力得到了回报，才会激励自己不断提升。

4. 充满活力、鼓励创新的氛围

一般来说，在充满活力的、鼓励创新的企业中，员工内心会形成一种追求变革的心理需求，有足够的动力，积极、主动地进行自我管理。而在一个缺乏创新机制的企业内部，员工追求自我提升的动力会受到极大的压制。因此，管理者要帮助他们营造一个充满活力、鼓励创新的氛围。

5. 融洽的人际关系

员工之间需要相互帮助。而积极、融洽的人际关系，也可以为员工提供相互学习、相互交流的机会。员工在融洽的团队氛围中也会拥有足够的动力进行自我管理、自我提升。

6. 丰富的载体平台

丰富的载体平台可以通过寓教于乐的形式，给员工提供相互交流、相互学习的机会。这样也可以更好地激发员工自我提升的动力。

总之，提升员工自我管理能力的目的在于实现企业与员工的一起成长。这种管理手段摆脱了传统的命令和控制模式，一方面可以为企业的发展提供更多的智慧与力量；另一方面，也让自己更好地成长。从而使企业与员工形成一种合作共赢的新型关系。

对下属寄予更高的期望

有些管理者常常埋怨员工的工作不到位，甚至会抱怨员工为什么不能达到和自己一样的标准。那么，你是否想到自己对他们寄予了更高的期望？

有时候下属没有实现较高的绩效，只是因为他们没有对高绩效产生过期望。就像一个每月3000元月薪的人从来不曾想到自己每月可以挣一万元一样。既然他们连想都没有想过，又怎能得到？

切莫以为这种观念是知足常乐，其扼杀的恰恰是自己的创造才能和无穷的潜力。做管理者的职责就是寄予下属更高的期望，让他们敢于幻想，并且帮助他们梦想成真。

这种期望对于工作不久的年轻人尤其能发挥神奇的作用。因为他们对于自我的评价还没有受到以往平庸绩效的暗示。而那些工作时间长的人，如果以往的工作绩效不高，思维惯性就会让他们认为自己难以超越从前。

国外一所大学有位讲授计算机课程的教授，就曾经在自己高期望的教育模式下，将一位计算机中心的看门人培养成合格的计算机操作员。

他为了证实自己的想法，专门挑选一些受教育程度很低的人进行培养。这位看门人就是其中之一，他在上午老老实实地看门，下午则学习计算机知识和技术。结果，这位当时连打字都学不会的人成功学会了计算机。后来他负责主机房的工作，还负责培训新雇员编制计算机程序和操作计算机。

由此可见，管理者的期望是促使下属快速成长的巨大动力。因此，管理者要相信在下属身上是可以发生奇迹的。在日常工作中，即便是对于那些以往绩效平庸的老员工，也不要将失望的表情表露无遗，要把他们视为高绩效员工，像对待高绩效员工一样对待他们，告诉他们可以完成某个目标，然后鼓励他们做出更大的成绩。因为在员工的心目中，领导对自己是否抱有更高的期望，对他们的心态产生的影响是不一样的。例如，某部门有甲乙两位下属。如果甲明白自己的管理者期望自己在半年时间内将销售业绩提升到前三名，那么他就会干劲冲天。可是乙呢？如果管理者对他不曾有什么期望，他自己就首先丧失信心了。

正因为管理者的期盼在员工的心目中如此重要，因此，若想达到最佳的激励效果，我们可以采用下面的方式来表达自己的期盼：

“小马，你来咱们公司已有一段时间了，在业务方面你已经成为一个能手。我看了上个季度的业绩报表，你连续三个月都排在部门业绩第一名，非常难得！作为你的直接上司，由于忙于各种工作，对你的指导并不多，你为部门立下了不少功劳，我要向你表示谢意。希望你能再接再厉。我相信，半年之后你肯定能成为全公司的业绩冠军！”

如此，从表扬到感谢，再到期望，下属了解了上司的期望，会把期盼变成工作的动力，由感动到感激而奋发。

当然，这种期盼也是建立在员工能力能达到的基础上。只是做领导的，为他拨开迷雾，引领他站在一个新的高度看待自己而已。

另外，对下属的高期盼也是培养员工忠诚度的一种方式。一般而言，在公司中习惯于跳槽的人都是为了实现自己的价值。特别是目前进入知识经济时代，员工更加注重自我实现的需要。如果上司在公司中充分关注了下属的这种需要，能把高标准的工作分派给下属，帮助他们实现自己的愿望，下属又怎么会选择其他公司呢？美国新泽西州的一位管理顾问曾经说过：“设立高期望值能为那些富有挑战精神的精英提供更多机会。为他们创造新的成就提供机会。”

另外，对下属寄予高期盼也是以人为本的表现。因为在早期的管理实践中，管理者主要关注生产要素，后期则将管理焦点转至员工要素。对下属寄予高期盼就是关心下属的表现，这种经营管理模式当然是深得人心的。

因此，聪明的管理者们，在提高自己能力的同时，不要忘记时时鼓励下属，给他们一片施展的空间，让下属和你共同提高。

让更多优秀员工脱颖而出

大家都知道，企业发展离不开那些忠诚敬业、敢于负责、绩效卓著的优秀员工。因此，成为优秀员工是每个员工都向往的，也是领导们所希望的。那么，优秀员工与普通员工相比有什么不同呢？

这就像NBA优秀球员与普通球员的差别一样，他们在比赛场上有超强的组织能力、应变能力和技术风格，因此才受到球队的青睐，受到广大球迷的追捧。同时，也为他们自己带来了物质与荣誉的双丰收。

那么，怎样才能成为优秀员工呢？答案是管理者的精心培养和重用提升。

领导的威力和影响力人所共知。“一只绵羊带领一群狮子，敌不过一头狮子带领一群绵羊”，就是对优秀管理者的最高评价。在部门员工中，管理者就担当着雄狮的角色。但是他的职责不是带领绵羊般的员工去征战，而是要把他们都培养成能征善战的雄狮。因为领导有能力不等于所有员工都有能力，领导一个人成功并不代表团队都能取得成功。可是，很多企业中，有些管理者只忙于自己向上攀登，却没有及时帮助员工，结果就无法形成一个上下齐心、同心同德的团队。

而那些优秀的管理者则不同，他们明白，对一个企业来说，一个高绩效的团队，必须是所有个体充分发挥主动性和创造性的最佳组合。他们的宗旨就是让员工和自己一同成功。因此，他们都高度重视员工能力的建设和培养。在工作中，他们会积极发挥自己的榜样作用，为团队培养出更多像自己一样甚至超越自己的优秀员工。

世界电扇大王王育佑就是在老板的引领下一步步成长壮大，进而攀登到老板阶层的。

王育佑中学毕业后经别人介绍，进了一家电器贸易行任职。他工作积极用心，一年中能力不断提高。老板见他精明能干，便有意识地锻炼和培养他，经常派他出门去收取旧账，并告诉他一些收账的技巧。收账遇到碰壁后，老板就会和他一起分析应对的办法。王育佑从老板那里学到了不少知识，以后他果然没有让老板失望，收回了不少旧账。

老板看到他能力有长进，便更加有意识地栽培他，又让他管理财务。王育佑抓住这次难得的机会，没多久，就熟悉了财务方面的知识。

在以后几年的职业生涯中，老板又有意识地让王育佑接触经营方面的各项业务。就这样，王育佑通过接触更多不同的行业，积累了丰富的工作经验，也结交了不少朋友，这些都为他后来成为电扇大王打下了良好的基础。

后来，在谈到自己的成功时，王育佑对老板的感激之情溢于言表。他说："是老板给我提供了锻炼的机会。没有老板当时的帮助，我是不可能取得如此大的成就的。"

的确，在员工的成长过程中，管理者起着很重要的作用。那些优秀的管理者们为了培养优秀员工也会像王育佑的老板一样付出很大心血，给下属一个更高的平台，让他们充分施展自己的聪明才智。为了做大做强企业，使企业和自己双赢，让每个员工成为优秀员工，让优秀员工脱颖而出，他们会通过自己的领导魅力去感染员工的工作态度，促使那些工作不到位的员工自觉改进工作作风；他们会通过创造一个集思广益的团队激励员工的工作热情，从而提高工作效率。而员工们也会在他们的带领下，齐心协力，珍惜每一次锻炼的机会，千方百计地创造佳绩，而且他们中的有些人还会不断超越自己，完成从优秀向卓越的跨越。

最为可贵的是，在这些优秀员工的影响下，其他员工也会受到感染，一起积极地投入工作中。最终，所有员工的优秀表现为公司带来了更多的效益，促进了公司的发展。

由此可见，员工和企业及领导都是共生共荣的，只有互相搭台、高度团结、优势互补，才能组合成具有卓尔不群的高效能执行力，才能共同起飞。企业发展才能具有永不枯竭的动力。因此，管理者在向上攀登的同时，不要忘记帮助员工成长，和他们互相搭台，共同起飞。让更多的优秀员工脱颖而出，让更多员工都成为雄狮！

CHAPTER 13

第十三章 巧用批评，增强执行力

管理者作为领导层，当下属在工作中出现错误或者违反一些规章制度时，难免要对他们提出批评。虽然管理者的目的是通过批评帮助员工认识错误，改正错误，可是批评他人却是费力不讨好的。因为很少有人会心甘情愿地接受批评，而且方式不当也达不到效果，还会使员工反感。

鉴于这种情况，管理者们更需要掌握一定的批评艺术，巧妙运用批评的方式，以增强执行力，达到批评教育员工，帮助他们成长的目的。

批评要点到为止

有些管理者为了显示自己的领导权威，在批评别人时不注意方法，总是新账旧账一起算，不把对方批得体无完肤、垂头丧气不罢休。

比如，某公司的一位员工经常迟到，上司如果当面对他讲："你怎么搞的，一个星期迟到了三次。看看全公司的人哪一个像你这样。你如果不想干就早点卷铺盖走人，上星期早退我还没跟你算账呢。"结果，员工本来想改掉自己的毛病，却因为管理者一顿"狂轰滥炸"，不给自己一点机会，干脆就破罐破摔了。

如果批评员工是用这种方式，怎能起到教育员工的作用？

也许有些管理者认为，这样批评不是以重拳出击来警示员工吗？如果只蜻蜓点水式的批评能达到目的吗？

相信大多数员工都是有自尊的。他们都是怀着愉快的心情来上班的，来到单位并不是为了接受批评的。即使他们做出了诸如迟到这样的事情恐怕也不是有意为之。如果他们不想干就会辞职，犯不上用这种方式消极怠工。

如果管理者只是以管理者自居，居高临下地教训一通，那么丝毫不会起到批评的积极作用。通过对下属吆五喝六，领导的威信也无法树立起来，只会让员工对自己满怀怨愤。这种批评方式也体现了管理者没有掌握领导的艺术。

在批评员工时，要考虑到他们的自尊心，语气要委婉和蔼，不要使用过分刺耳的字眼。比如“你真糊涂！这件事明明你错了还不承认！”用这种教训的语气来批评是没人愿意接受的。此时，假如管理者换一种方式说：“我想你肯定也知道迟到是不对的。如果你能改变自己，相信很快就能发现准时上班后完成一天的工作会多么轻松。”这样的说法，相信员工更愿意接受。

所以，要掌握批评的艺术可以用这种好办法——点到为止。

1. 批评的话越少越好

我们都知道“话多了不甜”。即使表扬赞美的话说多了人们也会感到虚情假意，批评他人的话更不是“多多益善”，因此批评教育的话越少越好。

即能用一两句话把对方错误的地方指出来，让他们警觉以后改正就可以了。没必要喋喋不休，翻来覆去地说个不停，这样只会让人厌烦，产生反感。

2. 不能新账旧账一起算

现实生活中，有些人批评人时，为了证明自己的观点是正确的，喜欢翻陈年旧账，把对方过去的错误及不足之处一股脑地翻出来。事实上，这样做往往会令对方难以接受甚至恼羞成怒，最终导致双方不欢而散。

曾经的错误只能代表对方的过去，而时过境迁还抓住对方的小辫子不放就是一种心胸狭隘的表现，也不符合用发展的观点看待人的唯物主义观点。如果曾经的错误或过失是一个人信心的伤痛和巨大的遗憾，那么揭开他人伤疤不仅是对人不尊重的表现，而且很容易招致对方的怨恨。如果那样的话，对方会认为你是有意责难，对你的批评会产生抵触情绪。因此，在批评他人时，应该尽量避免翻旧账。

3. 尽量不点名批评

既然是点到为止，就不必大张旗鼓，让对方公开亮相，弄得全公司的人都知道，可以采取比较含蓄的方式，不点名批评，以保全对方的面子。

4. 为员工留下思考的空间

管理者在批评下属时不要太心急，试图立竿见影。其实，点到为止，为对方留下思考的空间，让他们反思一下管理者批评得对不对。这种方式也是尊重他们的表现，下属比较容易接受。

总之，批评教育员工也需要讲究方法。既然批评人是为了挽救人，为了帮助人，那么，管理者对员工的错误给予提醒即可，反复纠缠于其错误，不仅于事无补，而且也会起反作用。

训斥只会激化矛盾

有些基层管理者文化水平不高，再加上恨铁不成钢，在下属犯错误时就会粗声大嗓门地训斥一通，他们认为这样就可以达到批评的目的。有的还不无得意地对同级说："看看怎么样？被我镇住了吧，对付他们就得用这一手。"

是这样吗？下属果真是被你驯服了吗？

虽然员工做错事批评是必要的，但是批评绝对不是粗暴的言语加上恶劣的攻击。如果对于下属的错误，领导态度蛮横，不容下属解释，这种生硬武断的作风绝对无法让下属心服口服。因为他们丝毫感觉不到领导的批评是出于关爱自己，因而在工作上就会表现得被动而缺乏热情，从而影响工作效率。这种结果对管理者来说又有何意义呢？

每个人都是有自尊的，没有谁生来愿意接受别人的指责与批评。因此，即使自己的下属犯了错误也不应该责骂他，而要把握好批评的分寸和尺度，以正确的态度与方式加以对待。

一些紧急的情况突然出现，会令你和下属都措手不及，或者是一些意外事故和人为错误的产生，容易使人在瞬间失去理智。你很可能一下子把怒火全都发泄在下属的身上。对于管理者来说，这种行为无异于自我毁灭。请记住，无论发生任何情况，都要保持冷静的头脑，对于既成的事实，不需要马上追查责任，而是应该立即研究对策。等到最危急的时刻过去，再进一步弄清事实，调查事故真正的起因。

有时候，在工作中下属出现失误可能是他本人一时疏忽大意造成的，也可能是不可抗拒的外力所致。在这种情况下，如果还批评他，就无法服众。因此，应采取了先关怀后批评的方式，寓批评于关怀之中。

在企业管理中，管理者风格的不同往往会带来不同的管理方法，有暴雨疾风式激烈的批评，也有和风细雨式委婉的批评。在教育界，提倡“和风细雨、润物无声”。其实，批评员工也需要掌握这种方式。它似雪落春泥，悄然入土，孕育和滋润着下属的心田，使他们幡然悔悟，难道不比简单粗暴的批评效果好上百倍吗?

掌握几种恰当的批评方式

批评人的方法是多样的。由于发生错误的情况不同，错误的程度不同，每个人的性格脾气不同，故需要采取不同的批评方式。以下几种方法可以根据具体情况试一试。

1. 避免过于严肃的面谈气氛

虽然是批评，但也要考虑谈话的气氛，应避免面谈气氛过于严肃。那样，下属就会受这种气氛的影响，有所戒备未必会把自己的错误和盘托出，再加上心里紧张也不利于其充分认识自己的错误。

因此，要以朋友交流或者会客的方式来接待犯错误的下属，平等沟通。那样他们不会有被“审问”的感觉，可以把自己内心的真实想法讲出来，这样管理者才能明白他们犯错误的真正原因。开诚布公地交流，更有利于解决问题。

2. 告诉员工问题出在哪里

管理者情急之下训斥一通往往会把员工搞得丈二和尚摸不着头脑。那样自己的愤怒情绪发泄了，可是对解决问题无益。下属不明白自己做错了什么，以及什么地方做错了。因此，批评他们可以直接告诉他们问题出在哪里，正确的方式是什么，这样才能达到帮助他们认识错误、改正错误的目的。

3. 把批评寓于关怀中

管理者对于部属的训诫，不应该只是想到他们工作失误给公司造成了多少损失，更应该考虑到如何通过批评让他们认识错误、改正错误，以利于其自身的成长，这才是对员工的关爱。如果在批评中让部属感受到这种爱，即便是批评他们也会痛快接受，并且还会感谢这种关爱。

这种方式与简单粗暴的批评形成明显的对比，能起到以柔克刚的作用。

4. 正面批评法

这种方法是直截了当地指出下属的错误并纠正。这种方式对于性格开朗、豪爽的人来说比较适合。他们喜欢直来直去，不喜欢拐弯抹角。

只是在批评他们之后，还要找出适当的理由对他们的某些优点给予适当的鼓励，表示自己对他们的欣赏。这样，他们就不会计较因为批评带来的不快。如果能够帮助他们指出改进的方法，他们还会很感激。

5. 暗示式批评

有些人不适合使用正面批评法，比如女性员工和性格内向的员工。对于他们可以采取暗示式批评，让他们自己去领会。

有位管理者的助手十分勤快。本来管理者正在集中精力看一份重要的文件，助手却三番五次来关照，不是问是否需要茶水，就是抹桌子整理报纸等，不让他有片刻的清闲。考虑到她是女性，脸皮薄，管理者不好意思制止她，因此就向对面办公室看了看，告诉她：“你看王秘书，安安静静的。我觉得这样挺好！”

一番话说得女助手猛然醒悟，之后在领导专心办公时她就不去打扰了。

这种批评的方式既没有过分暴露自己的不满，又使下属认识到自己的错误，可谓“一箭双雕”。

6. 对事不对人

不论是对何种性格的人，批评都应该本着对事不对人的原则。既然是对事进行批评，就应该用事实来说话，摆出员工工作不到位的事实，比如“你这个月的任务没有按时完成，按照有关纪律应该……”或者“一些数据不精确、具体措施不够详细”等，要围绕问题展开讨论。这种批评用事实来说话，比较有针对性和说服力。

7. 自我批评

大多数员工对批评都会产生一种逆反心理。如果是因为管理者自身的失误引起的而只批评员工，员工更会产生抵触情绪。在这种情况下，管理者可以先对自己进行自我批评，之后再批评员工。

在这方面，那些自以为是、特别看重自己权威的管理者更应该引以为戒。

一天，一家印染厂的生产管理者在下午快下班的时候，命令大家提前收工开会。在开会的过程中不知何时下起了小雨。开完会出来，管理者看到新做的色织布半成品还放在院子里被淋湿了，花色模糊一片，于是大声骂了起来：“你们都是干什么的？下雨都不知道！”其实他忘记了，刚才正是他召集全体人员开会。

遇到这种情况，管理者就不能把责任一股脑儿推到下属身上。要先做自我批评，检讨自己的疏漏，不能因为自己是领导就让下属承担所有的责任。这样做才能服众。

8. 为下属指明改进的方向

大多数领导在批评下属时，往往都把重点放在指出下属“错”的地方，批评一通之后并没有告诉下属如何做才算对。这样批评也很难服众。因为下属没有看到你的高明之处，他们会想“你也不比我们高明多少，凭什么批评我们？”

此时，要帮助下属找到改进的措施，要让下属明白他们应该怎样改进。这样下属才会心悦诚服地接受批评，并积极主动地去改正错误。

9. 因人而异，因材施“评”

批评要因人而异。对于那些自制力强的下属，发现他们的缺点时只需直接指出就行了，批评得太严厉会伤他们的自尊心；而对于那些自制力较差的人，如果还是含蓄暗示无异于“对牛弹琴”。

因此，对于后一类人批评的力度可以大一些，措辞可以严厉一些，并且采取监督措施。这样的方式才有效果。

最后还有一点需要切记，批评不只是为了批，也是评价下属工作的一种形式。既然是评，就要针对不同的人、不同的错误改进的效果进行评论。这样做也能够检验批评的方式是否恰当，批评是否起作用了。

总之，只有针对不同性格的员工、不同的错误程度采取灵活的批评方法，才会收到事半功倍的效果。

掌握批评的语言艺术

批评，是一件令人十分难为情的事情，不但被批评者在那种特定的氛围之中多少有些难堪，就是担负批评任务的领导也会感到尴尬。因为批评的对象是和自己朝夕相处的员工，因此更加难以开口，不知道应该用什么言辞来表达才好。正因为如此，批评可以称得上是语言学问之上的学问、艺术之中的艺术。

批评作为一门语言艺术，有许多技巧。掌握了这些技巧性的语言就可以合理地运用批评这个工具达到教育人的目的了。下面介绍几种比较常见的语言表达方式：

1. 用委婉的语言批评

和直言直语的批评方式不同，很多人都愿意接受委婉的批评方式。这种方式让他们感到自己有台阶可下。

有一个人在一个水库内网鱼，他没有看到不远处有“禁止捕鱼”的标志。一会儿，水库管理员向他走来。此时，捕鱼者站起来才看到了不远处的那块牌子。他心想这下可糟了。

可是，这位管理员走近后，并没有大声训斥他，反而和气地说：“先生，您在此洗网，下游的水岂不被污染了？”一番话令捕鱼者十分感动，连忙道歉离去。

这位管理员就很懂得发挥委婉语言的作用。

有时候，批评员工也可以用这种方式。员工都是成年人，何况他们有些人自制力很强。对于他们无意中犯的错误，可以用委婉的语言来提醒他们，没必要直截了当地训斥一番。

2. 用安慰的语言批评

大多数员工对自己所犯的较大的错误都有一种懊悔的心理。此时，管理者需要做到的就不仅是简单的批评，还要给对方一些安慰。

一次，小王代表公司去谈判。他年轻没有经验，对方乔装打扮成客户来宴请他。他被对方灌醉了，不慎把公司谈判的底价说了出来。

事后，小王后悔不已，甚至打算以三个月不领薪水来惩罚自己。管理者知道后安慰他说：“我理解你此时的心情，你确实使公司损失了一大笔钱。不过没关系，我们正好可以借机迷惑他们。你以前为公司所做的一切大家都是有目共睹的。放宽心，协助我做好以后的工作就可以了。”一番话让小王放下了包袱。

后来，小王才知道，管理者当时承受着很大的压力。可是，他并没有表现出来，反而安慰自己，小王为此感动不已。在以后的工作中，他虚心向管理者学习，学到了不少谈判的技巧。

这就是安慰式批评的效果。它的特点就是一方面指出下属的错误，另一方面对他们表示一定的认可，给犯错误者以一定的心理安慰。

然而，安慰也应该有个限度，绝不可以给对方留下只安慰、不批评的印象，这也无助于对方改正错误。

3. 用故意抬高对方的语言批评

既然是批评，怎么可以抬高对方？许多人对此可能不明白。其实，这也是一种批评的技巧。只要表达得巧妙，就可以达到批评的效果。

在后藤担任松下公司一家新工厂管理者的时候，一天，松下吩咐留下五六个人加班，后藤也自觉地留了下来。晚上，松下来视察工作完成情况。当他知道工作还没有做完时，毫不客气地训斥了后藤。他说："实在太不应该，怎么连你也做这种事情？"

令人不可思议的是，后藤听到这样的训斥之后，不但不生气反而十分高兴。因为松下的那句"连你也做"分明隐含了对自己的赏识。比起其他人来，松下对于后藤寄予的希望更高。此后，后藤处处以更加严格的标准要求自己，处处要做到比别人优秀。

这就是批评的技巧。在批评一个人的时候，使对方觉得自己比别人更重要，由此产生自惭、自责、自励的心理。这种语言的驾驭能力实在太高明了。

4. 用恳请的语言批评

提到批评，许多人想到的就是训斥。其实，还有一种批评就是用恳请式的语言达到批评对方的目的，不妨一试。

比如，公司内有的员工难免会把东西乱放，管理者们常常会训斥他们："别把东西乱放！"这样，对方的反应往往会是："吓唬谁？我想怎样放就怎样放，别以为你是管理者我就得事事听你的！"这就是逆反心理的表现。

此时，如果换一种说法，"请把东西摆放整齐些，好吗？"

“哇！管理者竟然用这种语气和我说话？”员工的心中会一阵惊喜，听了以后会马上收拾好乱七八糟的物品。

这就是恳请式的批评，由于维护了对方的自尊，被批评者会心悦诚服地接受批评。

5. 用模糊的语言批评

有时候，在批评中用一些模糊语言，也可以收到好的效果。比如“个别”“有的”“也有的”等。这样，既照顾了对方的面子，又指出了问题，说话具有某种弹性，比直接点名批评效果更好。

CHAPTER 14

第十四章

掌握和同级交往的艺术

管理者在自己的职业生涯中，不得不与形形色色的人物打交道，同时也免不了要和级别与自己不相上下的同事打交道。同事中什么样的人都有，既有和自己志同道合、情趣相投、配合得力的，也有自私狭隘、敌视、中伤自己的，还有冷眼旁观的。于是，有许多管理者常因处世不够老练，人际关系的运用不够圆熟，而大感为难。

可见，要想处理好同事关系，还得掌握一定的交往艺术。

同事之间，合作为先

据国外一家调查公司的资料显示，在企业的人际关系中，同事关系已经成为困扰职场人的重要因素之一。有些管理者把同事当成对手，这就大错特错了。

首先，从公司的组织结构看，管理层是一个组织系统，所有成员都是整体中的一个有机组成部分，相互之间是一种唇亡齿寒的互动关系。管理者和同事之间也不例外。虽然每个部门的管理者所担负的工作在客观上都具有差异性、特殊性，以及一定的独立性，但是它们之间更多的是统一性和共同性。任何一部门配合不力都会直接影响全局。如果各部门互不合作，各自为政，部门就成了管理者的“独立山头”，公司的工作就无法整体推进。从这个角度来说，同事之间需要互相协作。

其次，从管理者的自身能力来说，每人都有所长，各有所短，只有密切合作才能取长补短，在提高了自己能力的同时也增强了整个管理班子的战斗力。

最后，从企业发展的角度来看，管理者处理好和同事之间的关系不仅是自身的事情，也是影响企业进步的大事。因此，同级管理者要树立全局意识、整体意识，既要把分管工作切实抓好，又要发扬团结协作精神。

要团结合作，就要在他人或者其他部门遇到困难时热情主动地给予帮助，积极配合、协同合作。这样做也是符合事物发展的客观规律的。任何一个系统内部的结合能力都来自系统内部各个元素之间的协同作用。企业发展也是如此，企业组织这个系统的团结、稳定与有序就来自每个员工和每个管理者个体的协同作用。尤其是各部门之间，如果管理者们亲密合作、协同一致，就会形成合力，共同作用于企业这个组织发展的总目标。

要团结合作就要有集体观念。任何一个组织都有与其所有部门、成员息息相关的集体利益。在各部门管理者的团结协作中，应该以企业的利益为主，在这个前提下，形成管理者群体的内聚力与向心力。这样的力量才是推动企业向前发展的力量。相反，如果每个部门管理者只关注自己领导的部门利益，就无法形成协同合作的局面。

例如，在企业中，销售部门和售后服务部门由于分工不同，经常会产生冲突。销售人员为了更好地销售产品，在销售过程中可能会夸大一些事实；售后服务部门在跟进的服务中，有些员工为了省事，或为了掩盖自身技术不熟练的事实，也会将问题推至销售部门。在这种情况下，如果管理者只是从维护部门利益的角度出发，必然会赞同本部门员工的意见，就无法形成团结协作的局面，最终会使客户的利益受损失，进而影响企业的整体利益。因此，团结合作的前提是要有集体观念。

另外，在团结合作中要克服主观主义的工作方法。有些管理者在与其他部门的合作中，有意无意地犯着主观主义的错误。诸如颐指气使、唯我独尊、一意孤行等，都是主观主义的具体表现。这种工作方法会严重损害同事关系，无法与同级形成互助合作的局面。

须知，各部门之间的合作是建立在平等的基础上的，管理者之间不论在身份还是地位都是平等的。虽然有些部门对公司贡献大，业绩突出，某些部门没有什么特别明显的业绩，部门人员较少，可是，这并不代表他们的管理者和其他管理者之间的地位不平等。谁都不应该以管理者自居，对同级发号施令；认为自己无所不能而目中无人。那样的话，同事绝不会给予积极的配合。因此，在和同事共同合作中必须克服主观主义思想，要谦虚谨慎，主动征求同级意见达成共识，平等地沟通商讨解决问题的办法，从而才能形成共同奋斗的局面。这样做不仅是管理者个人素质的表现，也为员工做出了表率。通过管理者的言传身教，员工遇到自己无法解决的问题也会和其他部门的同事密切配合、团结合作。那样，团队之间互帮互助、取长补短、团结合作的局面就会形成。

因此，切莫把同事当成“势不两立”的竞争对手，而应该把他们当成帮助你成功的人来看待，互帮互助才有利于推进企业发展。企业做大做强了，你和同事都会得到较好的回报。

补台而不拆台

同事之间相处最怕互相拆台。本来很有可能办好的一件事情，有人拆台，结果就会办砸。这道理虽然每个人都懂，可是有些人在和同事合作的过程中，总是自觉或不自觉地在干一些蠢事。也许是因为他们心胸有些狭隘，也许是因为他们恃才自傲。特别是那些能力突出的管理者在和能力平庸的管理者配合时，有时会特别在意表现自己而贬低对方。这也是在拆对方的台。

拆台实质上是一种内耗，它使同事之间产生矛盾、对立。拆台不仅使整体目标无法实现，而且会使被拆台的管理者颜面尽失。不仅会引起上级的不满，而且会使他在下级面前威信受损，从而更加难以开展今后的工作。

拆别人台的人，也必然会遭到别人“反拆台”的报复，你今天打他一“拳”，就要提防他明天还你一“脚”，恶性循环最终只能导致两败俱伤。

老赵在某大型国企的分公司任财务科管理者，他平时工作严谨认真，很受总经理的器重。不久，企业面临改制，事务繁杂，财务科和办公室成了最忙碌的部门。很多事情都需要老赵和办公室主任配合，有时甚至需要他们一同出面去向上级汇报。

刚开始，老赵毫无怨言，与办公室主任配合得也不错。虽然两人地位平等，都是管理者，可是在前期的改制中，文件上报之类的工作很多，都需要以办公室主任为主。因此，经理告诉老赵要给予办公室主任一定的配合。这是老赵没有想到的。本来办公室主任没有什么学历，是凭关系进来的，老赵照顾她已经给足了她面子，现在居然要自己接受一个能力、人品都不如自己的人领导，老赵气不打一处来。

因为心里不服气，在向总公司汇报时，忙得晕头转向的老赵有一次竟然当着总公司财务科长的面发牢骚说："办公室主任什么也不懂，简直快把自己累散架了。"财务科长一听，开玩笑说："那你们办公室主任也应该让贤了。"老赵笑了笑。

殊不知，没有多久，经理就把老赵叫去训斥了一顿："老赵，你这么大岁数了说话也不经过大脑。你在总公司说这样的话不是明摆着在拆同事的台吗？办公室主任那天来我这里哭闹着要辞职，你收拾这个局面吧。"

后来，当老赵需要和办公室主任配合工作时，办公室主任就甩过来一句："像我这样没本事的人还是别和你配合吧。小心拆了你的台。"这还不算，当老赵需要其他部门的管理者配合时，他们总是谦虚地说："我们恐怕没有那个能力，如果配合不力会让你丢面子。"老赵不明白，自己的人缘怎么这么差了。

一般来说，管理者应有较高的素质，不会故意去拆同事的台。但是即便不是故意的，也会对他人造成不良影响。

在一家公司工作，同事之间自然是有缘的。某同事能力再平庸，也是自己的合作伙伴，应该帮助他，而不是贬低他，让他丢脸。因此，不但不能拆台，而且要想办法"补台"，给同事"打圆场""争面子"，支持他们把工作搞好，这样也就等于给自己争取到了一个"好帮手"，何乐而不为呢？

热情助人要有度

同级之间的工作总是相互关联的，要很好地完成一项任务，没有相互之间的协同合作是不可能的。既然需要团结合作就需要热情互助。按理说，热情助人总是受欢迎的。帮助同事不仅是相互之间友好关系的表现，也是助人为乐的体现。但是，热情也要讲分寸，掌握好度，那样热情才能给人自然、舒服的感觉。如果过了这个度，让人感到不舒服，热情反而会变得多此一举，甚至弄巧成拙。

萧亮在一家私企市场部做管理者的助手，他是从外地的企业应聘进来的，来到一个陌生的环境，面对不同的工作内容，很多工作不熟悉，管理起来也放不开。物流部管理者小李看在眼里，就主动提供了许多帮助。特别是在市场开拓方面，由于小李对路线和客户的仓储情况熟悉，给萧亮节省很多时间。萧亮心里非常感激。半年多过去了，萧亮熟悉了本部门的业务，有了长足的进步，可是小李还经常在公开场合帮他做这做那，这让萧亮感到很不自在，仿佛自己离开小李就无法独立工作一样。

一次，小李听说市场部要开发外地市场，热情地对萧亮说："那个地方的地理环境我熟悉，有我帮助你，肯定不成问题。"市场部的员工听到小李这番话，都用怀疑的眼神看着萧亮。此时，萧亮冷冷地说："我自己能行。"小李对萧亮这种态度很不满意，埋怨萧亮是"狗咬吕洞宾，不识好人心"。

在单位里，虽然同级、同事之间需要合作，可是帮忙也要把握适当的"度"。当他人对工作陌生需要帮助时，应该提供及时的帮助。可是，当他们工作熟练后还"包办代替"，对方可能就不会领情了。像小李这种过于热心的帮助方式就是不恰当的。明明萧亮已经具备了独立工作的能力，小李还是“热情帮忙”，会让他人怀疑萧亮的能力或认为小李是想通过这种行为来体现自身的优势或价值。因此，帮助同事一定要适可而止。对方自己可以解决的问题就不要去帮，或者对方不请自己帮忙也不要自告奋勇。否则，自己认为是热心，他人可能认为是乱插手。

须知，每个部门的管理者都有自己的管辖范围，都有自己的明确分工。作为同级，如果经常插手别的管理者职权范围内的事，不但会令对方的自尊心受损，而且还会被对方看成是“夺权”的行为，对方自然会不满意。可见，同级之间在完成自己的本职工作后，在他人需要帮助时可以帮助他人，只是要掌握分寸和尺度，做到“点到为止”和“雪中送炭”，互助而不揽权，支持而不包办。这是对其他同事充分信任和尊重的表现。否则，乱插手的结果会招致同事不满。

某市政公司有位员工需要调动工作到北京，于是他一大早拿着调动通知函就来到经理办公室请经理签字。不巧得很，经理没有来单位，直接到建设局开会去了。这位员工已经买好了下午的火车票。他本来想签字后中午和同事聚餐，下午就去北京的单位报道。谁料，经理开会去了，不知什么时间能回来。情急之中，这名员工找到了党委书记。他想，反正都是“头儿”，只要有人签字同意就可以了。

书记是个热心人，他了解情况后，认为事情很紧急，于是就签了字。这位员工当然喜出望外，高兴地邀请书记共进午餐。员工走后，书记突然想到，有关人事问题他和经理有明确分工，互不干涉。这些属于经理管辖的事情，自己不应该插手啊！于是，他赶忙让人把那位员工找回来，向他说明自己无权签字。同时让人力资源管理者给经理发短信，告诉经理有员工需要签字。经理看到后回短信说，自己现在无法回去，麻烦书记代劳吧。结果自然是皆大欢喜。

这位书记的做法可以说是很明智的，他发现自己有插手同级工作的行为，及时纠正过来。避免了因为自己过于热心而造成麻烦。

所以，如果你是个很热心的人，在和同事交往时不要事事处处都热心，对同事的事不分青红皂白都插手，管得太宽别人反而会厌烦。有些时候，你关心的恰恰是他们讨厌的，所以要三思而后行。即便同事在工作中出现了难堪的局面，也要先给他们一个台阶下，再想法帮忙。私事面前更不要自告奋勇帮忙，不请自到。

小心被人当“枪”使

唐朝的李林甫是个心机深沉的人。他为了取得皇上的信任，不惜用诡计。一天，他对丞相李适之说：“听说华山有金矿，您可以向皇上汇报此事。”忠诚老实的李适之就把此事汇报给皇上。皇上一听很高兴，就询问当时分管物产的李林甫。谁知李林甫这样对皇上说：“此事是我分内之事，之所以没有向皇上做汇报，是因为华山为吾皇龙脉所在，恐开采有碍万代基业，故没有上奏。”皇上一听为之感动，“遂重之”。

李林甫就是把李适之当枪用了。结果一石二鸟，既陷害了丞相李适之，又标榜了自己。不久，皇上认为李林甫“忠诚干练，为能士之才”，用之为丞相。

按说，能做到丞相职位的人应该具备很强的洞察力和分析问题的能力。可是，自己坦荡无私不能保证他人也坦荡，自己正直不能保证他人也正直。也许正因为自己坦荡正直，光明磊落，才不会想到防备“暗箭”的袭击。

虽说职场不是官场，可职场也是小社会，什么类型的人都有。同事中也有这样的人，当面一套，背后一套。他们之所以这样做，一方面是因为他们本身有这样的性格缺陷，另一方面是因为同事之间有利益冲突。但是凭他们自身的实力又竞争不过对方，因此就会采取放暗箭、设陷阱等方式来陷害他人。

如果有些管理者没能及时地识别出他们的用意，误以为同事之间要互相信任，那么，一旦这些管理者和他们的利益发生冲突时，他们就会做出有利于自己的选择，而置友谊于不顾。因此，提防自己被当“枪”使需要有一颗防人之心。

再者，对这类人也不可全抛一片心。凡是他们要求的都答应，凡是他们说的都听信，就会把自己置于被动不利的位置。另外，任何时候都不能口无遮拦，想说什么就说什么。有些话甚至一点口风都不能透露。比如，有时候同事之间或许会流传一些小道消息，例如某某要升职了，某某要被开除了，或者公司的一些项目投资决策事宜等。如果你知道这些消息，千万不要因为同事的热情招待，两杯酒下肚后就把消息和盘托出，毕竟事情还没有真正发生。再者，你透露的这些信息，“不怀好意”的同事或许会马上告诉老板。一旦让老板知道你提前透露消息，会认为你保密意识不强，不可担当大事。

其实，遇到此类事，你可以说“无可奉告”。

对于像李林甫之类善于伪装的同事更不能盲目轻信。这类人在潜意识里已经把比自己优秀的同事当成了对手。这种人平时跟人谈笑风生，亲密无间，暗地里可以迅速变脸，或造谣惑众，或暗箭伤人。对于他们更要敬而远之。

虽然团队中要和睦相处，开放自我是必要的，但应把握好度，不要被人利用，要有一颗防人之心。另外，还要适度还击，让不怀好意者不敢轻举妄动。这样不仅可以保护自己的利益免受损失，还可以避免部门的利益受损失。

灵活应对各类同事

工作中，同事走到一起是为了实现企业的共同目标。然而在实现这一共同目标的过程中，每一个人所扮演的角色又各不相同。有时候，他们人性中的优点和缺点也都会表现出来。对此，不必过于惊讶，也不必太担惊受怕。兵来将挡，水来土掩，以不变应万变，针对每个人的特点给予不同对待完全可以和他们和睦相处。

1. 遇到口蜜腹剑的同事，不可全抛一片心

面对表里不一、口蜜腹剑的同事，他和气，你应该比他还要和气；他笑着和你谈事情，你应该笑着点头。如果他让你做的事情太过分了，也不要当面回绝或者与他翻脸，你只需笑着推脱即可。

2. 遇到喜欢吹牛的同事，不要与他较真

假如你遇到喜欢吹牛的同事，要与他搞好关系，但切忌被他吹昏了头脑，一定要心中有数。

3. 遇到尖酸刻薄的同事，适当保持警觉

尖酸刻薄的同事，在公司里常招致其他同事的厌恶。他们生就一副伶牙俐齿，冷嘲热讽无所不用，与同事争执时常常不留余地，令他们颜面尽失。因为他们的行为不招人待见，所以在公司里一般没有什么朋友。

假如这类同事不幸是你的搭档，可与他保持一定的距离。如果听见一两句刺激你的话，就当成耳旁风，绝不能动怒。当自己要换工作或者找人替换他，在事情还未敲定时，也不要让他知道。

4. 遇到喜欢挑拨离间的同事，言行举止要慎重

有的同事喜欢挑拨是非，往往会使整个单位人心惶惶。这类同事给公司带来的破坏和影响是巨大的。但是，公司有时也会重用他们。因为他们巧舌如簧，会千方百计为自己辩解。应对这类同事，除了要谨言慎行，与他保持距离以外，还要联合其他同事，在单位中弘扬正气，让他没有挑拨离间的机会。

5. 把志同道合的同事发展成朋友

同事之间总会有和自己志同道合的，这样的同事可以发展成朋友。你可以采取主动的方法，积极寻找合适的话题。适宜的谈话内容有利于彼此之间思想感情的交流和沟通。话题可以是工作，也可以探讨家庭生活、子女教育等，这些都益于结交朋友。无论如何，只有两人修养相当、品质相近时，更容易成为永久性的朋友。

6. 遇到才华横溢的同事虚心学习

才华横溢的同事，见识不同于常人，他们的才干和能力十分突出，通常是单位中的骨干或技术尖兵。遇到了才华横溢的同事，假如你们志向一致，大可虚心地向他们学习，携手共同进步。

7. 遇到翻脸无情的同事要留神

有的人风平浪静时尚能和睦相处，一遇到利害冲突时，便会是另一副嘴脸。这种翻脸不认人的同事即使因为一件小事也会翻脸。和这类同事合作的时候，一定要记住“留一个心眼”，不要在友谊升温时就把自己的全部家底和看家本领都告诉他们，以防友谊降温他们对你翻脸时以此对付你或者要挟你。

总之，同事之间要相互尊重，真诚相待。因为大多数同事都是可交的，是值得学习和帮助的。因此，不仅要把那些性格、脾气和相投的人纳入朋友范畴，也要注重结交其他人。这样才能换得大多数人的理解和支持。

管理者有良好的人脉圈，有利于本部门工作的开展，也可以给下属树立榜样。

CHAPTER 15

第十五章

懂得授权，下属更优秀

一个管理者不管有多么优秀，即使有经天纬地之才，定国安邦之能，也不可能把所有的事情都做完。如果他不懂得授权于人，凡事都要亲力亲为，最后的结果往往是疲惫不堪。

学会放权用人

能否做到放权用人，也反映了一个领导者能否正视手中的权力。一方面，有的领导者把权力看作个人的私有财产，作为谋取私利的手段，因而把得紧紧地，“寸权必留”，这是非常错误的。

唐玄宗李隆基即位初期，任用姚崇、宋璩等名相，整顿武周以来的弊政，推动了社会经济的发展，出现了著名的“开元之治”。在这个时期，李隆基还是很讲究用人之道的。

有一次，姚崇就一些低级官员的任免事项向李隆基请示，连问了三次，李隆基不予理睬。姚崇以为自己办错了事情，慌忙退了出去。正巧高力士在旁边，劝李隆基说：“陛下即位不久，天下事情都由陛下决定。大臣奏事，妥与不妥都应表明态度，怎么连理都不理呢？”李隆基说：“我任崇以政，大事吾当与决，至用郎吏，崇顾不能而重烦我邪？”

这番话，虽然是批评姚崇用小事麻烦他，实则是放权于姚崇，让他敢于做决断。后来姚崇听了高力士的传话，就放手处理事情了。

从以上这个事例来看，放权用人的积极意义至少有以下几个方面：

（1）可以充分调动部下的积极性，使部下放开手脚干工作。

（2）可以克服部下对领导的依赖思想，激发其创造精神，提高独立工作的能力。

（3）减少请示报告等工作程序，可以提高工作效率。

（4）可以使领导者从事必躬亲中解放出来，集中精力抓好大事。

能否做到放权用人，反映了一个领导者是否相信部下。有的领导者做不到放权用人，关键的一个问题是对部下不放心。怕部下滥用权力，怕部下把事情办糟，等等。俗话说：用人不疑，疑人不用，这也是用人的起码道理。所以，要做到放权用人，就要解决好相信部下的问题。

任何一个领导者手中的权力都是人民给的，绝不是个人的私有财产，权力运用得好，把人民的事情办好，人民就会继续给你权力，否则，滥用权力，以权谋私，人民定会剥夺你的权力。以权谋私，你可以得逞一时，但不可能长久。另一方面，也有的领导不懂得权力集中与分散的辩证关系，认为做领导的有绝对的权力，才有绝对的威望，也才能把工作干好。实际上，任何事情都充满了辩证法，“过犹不及，物极必反”。权力的集中与分散是相辅相成的，不可走向极端。

那么，怎样做到放权用人，即在用人中怎样把握权力的集中与分散之间的度呢？

这里最根本的，就是领导和部下之间要各谋其职，各负其责。作为一个领导，你的岗位责任是什么，哪些工作该你管，哪些是部下职责范围内的事情，你和部下都各有哪些权力等，都必须搞明白。该给部下的权力，领导不要占有，该是自己行使的职权，也不能疏忽。主要权力集中在领导手中，部分权力分散给部下，正所谓“大权独揽，小权分散”。上下形成两个积极性，工作才会形成一个合力。领导“大权独揽”也好，部下“小权”在手也好，其目的都应该是一个，就是干好一个集体或一个民族乃至整个国家的事业。

不信任员工是最大的浪费

在沃尔玛，每一个领导人都用上了镌有“我们信任我们的员工”字样的纽扣。这正是沃尔玛从一家小公司发展成为美国最大的零售连锁集团的秘诀之一。

要搞好现代公司，就要把信任作为公司最好的投资。信任是未来管理文化的核心，它代表了先进公司未来发展方向。著名的日本松下集团，其商业秘密从来不对员工保密，他们在新员工上班的第一天，就对员工进行毫无保留的技术培训。有人担心，这样可能会泄露商业秘密。松下幸之助却说，如果为了保守商业秘密而对员工进行技术封锁，员工会因为没掌握技术而生产更多的不合格品，加大公司的生产成本，这样的负面影响比泄露商业秘密带来的损失更为严重。而对于以脑力劳动为主要方式的公司（如软件业），其生产根本无法像物质生产那样被控制起来，信任是唯一的选择。

相反，如果对员工不信任，就会成为管理中最大的成本。人们为不信任付出很高代价。不信任的直接后果是听不到团体中的创造性意见，甚至可能降低公司的生产能力。一旦消除不信任，工作就会明显改观。

在把不信任转变为信任的过程中，领导人的作用十分关键。请问，谁更有可能说“请认真点好吗？”到底是领导还是下属？在大多数公司里面，领导更有可能说这种话。

下属们通常只是用躲避或抵制作为对不信任的回应。另外一些人则把这种不信任一级一级往下传。由于害怕领导惩罚，有人就不信任自己的下属人员。许多会议都因不信任而不欢而散。人们相聚时的精力差不多都用于维护自己的尊严，和以不信任回报不信任。而对业绩的改进没有任何帮助，谁也不愿意这种情况发生，但总是有人自觉或不自觉地将公司推向“不信任”的陷阱。

克服不信任、否定态度和僵局的办法是：

（1）承认和尊重员工提出来的每一个想法。

（2）不加挑剔地倾听意见，把每个想法都写在图表上。

（3）鼓励与会的每个人都提意见——不只是地位较高的人。

（4）促使大家敢想敢干，不因某种条件限制而停滞不前。

不要因为某种条件的限制而放弃任何可能性，等到开拓出充满希望的方向之后，再考虑这种限制。

关键在于始终抱赞成态度，它能使员工们将精力放在问题的解决之上，并使之意识到自己的行为会对公司的业绩产生直接影响。只有做到这些，目前花在不信任和回报不信任上的巨大精力，才可能被各方面用来发明新产品、解决新问题和采用新方法，并用以作出周全的决定。如果能使工作场所摆脱不信任，工作的局面会立刻有所改观。

设法让员工成为公司的主人

为了调动工人的积极性，许多公司设法让员工成为公司的主人。然而，只有充分尊重员工的权利，员工才会将公司视为自己的，才会为公司积极地工作。美国戴那公司的总裁麦克佛森的经营秘诀就是“把公司交到员工手里”。

麦克佛森让公司的90名“工厂领导”（厂长）直接控制自己厂里的人事、财务、采购等等，这就使人事、行政、采购和财务等各部门的权力分散了。这似乎有悖经济原理，因为从理论上讲，集体大量采购是压低单价，节约费用的良方。但是，麦克佛森却认为集体采购是行不通的。90个“工厂领导”为每一季的目标负责，若是集体采购，在90天之后，会有人跑过来说：“本来计划是可以完成的，但是那个该死的采购领导没有准时把我要的钢铁买回来，所以我没办法达到目标，也许下一季……”而在采购部门的权力分散后，如果有几个“工厂领导”感到有必要的话，他们就会自己联合起来压低成本。

戴那公司没有作业准则，也不用写报告，一位执行副总裁说：“我们有的只是信任！”他们充分尊重每一位员工。在20世纪80年代初，适逢经济萧条，公司被迫辞退一万名员工。为此公司每星期都要给每位员工送一份通讯录，在这份通讯录中大胆地指出下一个可能裁员的是哪些部门，并指出被裁员部门的员工前途怎样。这种做法富有成效。裁员后，购买股票的员工超过80%，包括被辞退的员工。而裁员前，80%的员工只是通过自由入股计划成为公司股东的。

在麦克佛森的经营下，由于他“把公司交到员工手里”，在20世纪70年代，戴那公司的投资报酬率在《财富》五百大公司中跃居第二。而这家位于俄亥俄州托来多市的轮轴制造公司，曾被认为“拥有有史以来《财富》五百大公司中最差劲的生产线”。1979年至1981年间，虽然受到经济危机的打击，该公司却迅速恢复了元气。

重视员工培训

微软的一条很重要的用人原则是：“人的最高需求是自我实现，也就是自我的管理。”

正如微软的观点所说，世界上唯一不变的就是变化，变化才是这个时代的永恒主题。变化无处不在，竞争随处可见。即使我们今天享有盛誉，无所不能，我们也无法保证明天能够继续获得成功，继续享受盛名。竞争者随时会在我们的身边出现，我们今天的位置随时都可能被取代。

我们需要做和所能做的就是积极应对变化，随时做好应对变化的心理准备，不断适应新的环境，不断地激励与发展自我，不断更新和改善我们的工作习惯和工作技能，使我们的脚步跟上变化的节奏，持续保持战斗力和生命力。

今天的工商业竞争异常激烈，商务培训已不再是一项奢侈的开支，而是一种必需，日新月异的现代社会发展要求人们的工作习惯和方法也随之发展。

当下，人们在观念上已不把培训当作一种成本，而是作为一种投资、一种福利、一种激励方法写在公司经营计划里。用培训凝聚人心、鼓舞士气，激励员工不断保持高涨的工作热情，情绪饱满地工作。

员工在公司里所得到的东西也绝非高额的薪水、优厚的待遇那么简单，与优厚的薪水相比，能够获得丰富的技能培训，不断增长见识，提高技能水平也是衡量知识型员工满意度的重要方面。

如果看不到发展的前景和进步的希望，员工就会因得不到有效的激励而没有工作的激情，因没有超越的愉悦而懈怠，而思变，长此以往，人员流失将是一个令公司头疼的难题。试想，让一个持有博士学位证书的人在银行做数钱的出纳工作，却从不增加工作的内容，不给予培训和提拔的机会，纵使月薪数万，他能够坚持多久，他敢坦然面对吗？他敢保证明天自己还待在这个位子上？

为此，许多跨国公司不惜重金建立了自己的培训基地，有的公司甚至建立了专门用于员工培训的学校，使得公司不仅仅是一个工作的场所，也是一个获取知识的课堂，员工在公司不仅仅为了付出而感到快乐，更会因为获得更多付出，而为公司贡献才智。

所以，培训作为一种激励手段对员工保持持久的工作热情和工作能力是非常必要的。

但是，公司毕竟资源有限，整天忙于生产经营，能够用于培训员工的人员、时间和精力都非常有限，大部分公司所能够组织的只是一些领导或重点员工的培训，甚至有些公司不具备培训的能力，无法组织有效的培训。

马斯洛的需求层次理论告诉我们，人的最高需求是自我实现，也就是自我的管理。要想达到完全意义上的自我实现，离不开员工自己每日的自省与自励，只有持续地坚持学习，坚持每日进步，每日修炼，才能不断超越自我，在迈向成功的终极路途上受到的机遇垂青并抓住机遇，达到最终的自我实现。

结合这两个方面的考虑，公司必须给员工提供自由发挥的空间，不断强化员工的自我培训，为员工提供可供学习和进步的空间与时间，帮助员工在自我的教育与训练当中获得提高和发展，达到自我充电的目的和培训的效果。

给员工提供个人事业空间

真正聪明的领导用充分的发展空间、专业的挑战性、工作的创造性和各种各样的机会吸引员工，而不是刻意地挽留。

大多数公司领导心目中的理想员工是这样的：对工作有激情，喜欢新的工作内容，希望参与较大项目，希望学习新东西，希望建功立业，等等。但是，公司是否具备吸引这样的员工的条件？或者说，有没有为员工的雄心勃勃提供了他们发展的空间？所以，真正聪明的领导是用这样的条件去吸引他想要的员工，即充分的发展空间、专业的挑战性、工作的创造性和各种各样的机会，而不是刻意地挽留。

为了让每一个员工都有事可干，公司必须将自己的总体目标细化，使每一个员工都有明确的工作目标，并以此作为对员工进行考核的标准。目标的制定要特别考虑到：注重员工的兴趣，要有一定的挑战性。只有每一个员工都有了自己明确的目标，他才会感觉自己在公司"是有用的人"，"是有奔头的"，才愿意在公司长期地干下去，这便是许多企业领导常挂在嘴上的"事业留人"。

让员工了解公司的发展战略，使员工在公司发展过程中获得成功。如果公司能够通过为员工制定职业生涯规划，使员工看到公司的发展前景，看到其自身在公司的希望，他便会全力以赴地投入工作。

对于许多领导而言，对下属员工的态度中总是含有一丝的恐惧，"我的下属这么能干，他会不会取代我的位置？不行，我要先采取行动，可不能让他的业绩太闪光"。这种想法对于公司的发展来讲是极其危险的，遏制了员工个人潜力释放的同时也造成了公司的发展停滞。如果你的领导是这样的一个人，我想你也会选择离开。所以，在公司中衡量一个领导工作有效性的尺度之一就是其下属业绩如何，如果他们得到了很好发展，就会更容易地接受组织中其他任务，自然会增加对公司的忠诚，也会选择留下来。

每一个员工的潜力都是一座宝贵的矿藏，即使是最平凡岗位上的员工。我们经常听到经理们抱怨下属员工的潜力已经用尽，其实不然，每个员工的潜力都是巨大的，主要在于你用什么样的方式去发掘。因此，要激励员工对于自身潜力的再开发，引领他们向着更高的目标不断前进。

许多岗位要求从业人员具有一定的资格、教育、声望等等，你如果想吸收并留住这些岗位的专业人员，就要展示对他们的专业和资格的尊重。这种尊重和赞赏会有所回报。如果不重视专业声望，就会"迫使"一些重要员工转而寻求那些认同他们职业特征的岗位。树立员工专业声望的方法有：在公司的各项宣传中标明员工的头衔；在员工的个人名片中予以充分显示；鼓励员工参加各项同业活动及继续教育；为员工专业知识的使用提供工作舞台。

任何一项业务都有孕育、成长、成熟、衰落的生命周期，因此，持续成长的公司必须是这样一幅景象：一方面是拓展守卫核心业务，同时还要不断建立新业务以及创造有生命力的候选业务。这样既是公司持续成长、永续经营的必然要求，同时又能为公司的那些关键人才赋予新的创业机会，保证他们持续的创业激情。

适时扩大下属的职责

每个人都喜欢有责任担当的工作，在一项座谈会中，大部分人都有如此的想法："让我从事责任更大的事吧！"或者说"责任感愈重之事做起来越有价值。"

为什么他们想负这么多的责任？最大原因在于愈有重责则表示此人愈有能力。不过给了某人责任之后，相对的也要赋予相当的权限，在此权限内，可以依照自己的方法做事。低层员工或从事单纯、辅助性工作的人员，即使能圆满完成任务，总不觉得负有什么责任，这是因为他们不能依自己理想做事之故。

每个人都有强烈的欲望，希望别人看重他，故想多负担一些责任。因为负担了责任，自己就有责任感，换句话说，给了某人责任与权限，他就可以在此权限范围内有自主性，以自己个性从事新观念的工作，因此他就拥有了可自己处事的满足感与成就感。

1. 不要做个啰唆的领导

领导若过于啰唆，无论大小细节都要说明、吩咐，只会徒增员工的厌烦，同时员工也会觉得自己根本无须负责，于是欠缺责任感，工作意念也随之降低。在啰唆的领导吩咐下的员工，其责任感低于公司的预期，这可以由下面例子得到全面的认识。

某公司里一位A股长调职，继任者是B股长。不到一年的时间，该部门生产量增加了16%，在此我们研究了A、B股长的作风。A股长一天到晚楼梯爬上、爬下，不厌其烦地指示员工；但B股长作风就迥然不同了，任何事都仅指示大纲，一切细节则由员工自行负责，他也不限制员工的自由，完全尊重他们，员工因为依照自己的想法做事，愈做兴趣愈浓，也希望将该事做到完美的境界，因此责任感很强。因二人作风不同，工作成效也大不相同。

从这个例子看来，不仅要让员工负责任，而且要赋予相当的权限。所谓权限即可依照自己意志做事，如此才能提高工作效率。

2. 权责必须平衡

责任与权限必须均衡。我们所说赋予员工权限即让他们在自己意志下工作的范围。很多领导对属下只强调责任，而极少赋予权限，只是一次次地指示他们，以致员工根本毫无机会依照自己的办法去做，在此状态下，无论你如何强调责任都无法收到预期的效果。

在许多公司、机关中，责任与权限无法合二为一。权限都集中于上级，员工仅负责已任而已。须知无论何事，一旦欠缺权限则产生不出责任，因此责任与权限始终必须一致。

赋予某人责任即让对方负责之意，这点每个人都必须明了，也因此工作范围须划分清楚，如此，个人所负担的责任即分担工作范围内的责任而已。

说了这么多，责任到底是什么呢？员工有完成工作的义务，假若无法完成或工作成果不好时，就非要负责任不可了。这所谓的责任并非要你提出辞呈，或者要你等待受罚，而是你仍须将失败处弥补至完美为止，使其影响降至最低限度，而且要追究失败的原因，决不再重犯。

你的员工做错了事，你自己也不能免除责任。故当自己的属下失误时，在处罚员工之前必须自己先反省一番，看看自己的作法是否不当，导致失败的原因何在，并且要改善缺失，这才是领导人员的职责所在。